telc Deutsch
B1

Modelltest für telc Deutsch B1

 **독독독**

독일어 모의고사 telc Deutsch B1

초판 2쇄 발행 | 2024년 6월 12일
지은이 | Maria Loitzenbauer, Samuel Trippler

감수 | 이윤복
디자인 | 백현지

발행인 | 안희철
펴낸곳 | 노이지콘텐츠(주)
출판등록 | 2014년 1월 17일 (등록번호 301-2014-015)
주소 | 서울특별시 금천구 디지털로 178, B동 1612-13호(가산동)
전화 | 02-775-0582
팩스 | 02-733-0582
이메일 | info@noisycontents.com

www.dasdeutsch.com

ISBN 979-11-6614-615-2 (13750)

* 본 책은 저작권법에 의해 보호를 받는 저작물이므로 무단 전재와 복제를 금합니다.
* 잘못된 책은 구입처에서 교환하여 드립니다.

차례

머리말 5

응시 전에
시험 안내 6
영역별 안내 8

Modelltests
Modelltest 1 17
Modelltest 2 35
Modelltest 3 53

정답
Modelltest 1 72
Modelltest 2 76
Modelltest 3 80

*교재에 수록된 지문의 내용은 허구이며, 실제 사실과는 다를 수 있습니다.

머리말

<독독독 독일어 모의고사 telc Deutsch B1>를 보고 계신 여러분은 이미 B1 공부를 마치고, 이제 B1 단계를 마무리 짓고 싶을 것입니다. 그리고 마무리하는 과정으로 B1 어학 자격증을 취득하거나, 아니면 자신이 B1에서 필요한 내용을 잘 학습하였는지 확인해 보고 싶은 분도 있을 것입니다.

본 교재는 위와 같은 학습자를 대상으로 telc Zertifikat Deutsch(telc Deutsch B1)의 실제 시험 유형을 익히고 준비하는 데 도움을 주고자 제작되었습니다. 여러분은 이 교재를 시험 직전에 유형을 파악하는 용도로 사용할 수도 있고, 혹은 시험에 응시하지 않더라도 자신의 실력이 어느 정도인지 확인하는 용도로 사용할 수도 있습니다.

위와 같은 목적에 충실한 교재를 만들기 위해, 전반적인 시험 안내와 모의고사 3회라는 간결한 구성으로 교재를 제작하였습니다. 덕분에 분량은 부담 없지만, 그만큼 더 목표에 집중한, 깊이 있는 교재를 제작할 수 있었습니다. 군더더기 없이 꼭 필요한 내용을 원하는 학습자에게 맞춤 교재가 될 것입니다.

교재 구성 및 중요 안내

본 교재는 크게 세 부분으로 나뉩니다. 첫 번째 부분인 **응시 전에**는 전반적인 telc Zertifikat Deutsch 시험 안내를 실었고, **Modelltests**에는 실제 시험 유형에 맞는 모의고사 3회분을, 마지막에는 **정답**을 실었습니다.

- **응시 전에**는 시험 소개, 응시 원서 접수 방법, 응시 요건 등 사전에 알아야 할 사항을 앞에 밝혔습니다. 이어서 시험 진행 순서와 방식 등 telc Zertifikat Deutsch 시험이 어떻게 진행되고, 문제 유형이 어떠한지 상세히 설명하여 실제 시험을 볼 때 도움이 될 수 있도록 하였습니다.

- **Modelltests**에는 시험을 보는 감각과 경험을 최대한 재현할 수 있도록 문제를 배치하고 출제하였으니, 이 점을 충분히 활용하여 실제 시험을 보듯이 시간을 맞춰서 모의고사를 풀어 보시기 바랍니다. 모의고사에 실은 문제는 B1 수준에 맞는 내용과 시험 출제 의도를 충분히 반영하여, 시험 준비에 실질적으로 도움이 될 수 있도록 연구한 결과입니다.

- **중요!** 듣기 시험 음성은 Hören 시험 첫 장에 있는 QR 코드에 연동된 주소에서 들을 수 있습니다. 듣기 음성 파일은 하나의 모의고사당 1개의 파일로 만들어져 있으며, 해당 음성 파일은 실제 시험시간을 고려하여 음성 시작부터 끝 부분까지 실제 시험시간 내 정답 작성 시간이 포함되도록 제작되었습니다. 듣기 시험 시작 직전 파일을 재생하시고 파일 재생이 끝나기 전 반드시 모든 Teil의 정답체크를 완료해야 합니다. 듣기 시험 Teil 간 아무 음성이 들리지 않는 재생 시간 안에 해당 Teil 정답을 체크해야 합니다.

- **정답**에는 듣기, 읽기 시험 정답과 쓰기, 말하기 시험 예시 정답을 실었습니다. 여기에 더해 좀 더 깊이 학습하고 싶은 분을 위해 각 Modelltest 정답에 정답 해설과 듣기 지문을 내려받을 수 있는 QR 코드를 함께 제공해 드립니다.

이제 준비되셨나요?

Wir wünschen Ihnen viel Erfolg und Spaß mit den Übungsprüfungen und drücken Ihnen die Daumen für die Zertifikatsprüfung.

Toi toi toi!

시험 안내

✓ telc?

telc는 The European Language Certificates의 약자로 CEFR(유럽 언어 공통 기준)에 따라 외국어 능력을 평가하는 어학 시험입니다. telc 어학 자격증은 국제적으로 인정받고 실시되는 공인 어학 자격증으로, 한국을 포함한 25개국 3000여 개 이상 기관에서 응시할 수 있습니다.

그 가운데 본 교재가 다루는 telc Zertifikat Deutsch(telc Deutsch B1)는 유럽 언어 공통 기준에 따라 telc gGmbH, Goethe-Institut, DIE, IdS, ÖSD가 합작하여 만든 독일어 능력 인증 시험입니다.

✓ 원서 접수

- telc 시험은 telc gGmbH와 협약을 맺은 Prüfungszentren에서 응시할 수 있습니다.
- 각 Prüfungszentrum의 위치와 연락처 등은 telc 홈페이지의 'Prüfungszentrum finden' 항목에서 검색할 수 있습니다.
- 각 단계 시험 시행 여부와 원서 접수 방식/기간은 시행 기관별로 상이합니다.
- 지필 시험과 구술 시험 중 하나만 불합격한 경우, 이듬해의 마지막 시험까지 해당 부분만 추가 응시가 가능합니다.

✓ 준비물

- 신분증
- 연필 또는 샤프 펜슬(B2 권장), 지우개
- 사전, 전화기, 기타 전자 기기 등은 사용할 수 없습니다.

✓ 응시 대상

- 독일어 실력이 충분함을 증명하려는 사람
- B1 단계 수료를 증명하려는 사람
- 세계적으로 인증받을 수 있는 공식 증명서를 원하는 사람

 구성

독해와 언어 구성 요소 **90분**

독해에서는 신문이나 잡지 기사, 광고, 안내문 등 다양한 지문을 읽고 문제를 풀고, 언어 구성 요소에서는 지문에 있는 빈칸에 알맞는 문법 형태나 어휘를 채워 넣습니다.

청해 **약 30분**

의견, 라디오 방송, 대담, 안내 방송 등을 듣고 각 문제가 참인지 거짓인지 풉니다.

글로 표현하기 **30분**

이메일을 읽고 지시문에 나오는 네 가지 사항을 모두 넣어 양식에 맞게 답장을 작성합니다.

말로 표현하기 **준비 20분 + 시험 약 15분**

대화 상대와 함께 서로 자기소개하고, 특정 주제에 관해 대화하고, 계획을 짭니다. 사전 준비 시간이 20분 제공된 뒤, 약 15분 동안 시험이 진행됩니다.

 응시 요건

- telc Deutsch B1는 연령에 관계 없이 대략 450–500 수업 단위(단위당 45분)를 이수한 사람을 위한 시험입니다.
- telc Deutsch B1는 유럽 언어 공통 기준의 세 번째 능력 단계(B1) 언어 능력을 요구하는 시험입니다.

✔ 합격증이 인증하는 독일어 능력

- 일상 생활, 여행, 일부 관심사와 관련해 간단히 의사소통할 수 있습니다.
- 경험을 이야기하고, 목표를 묘사하고, 자신의 관점에 근거를 댈 수 있습니다.
- 주요한 문법 구조를 대체로 올바르게 사용할 수 있습니다.

✔ 성적 확인과 합격증 수령

- 시험 결과는 통상 6주 정도 뒤에 통보됩니다.
- 합격증 수령 방식은 시행 기관별로 상이합니다.

영역별 안내

✓ Leseverstehen und Sprachbausteine 독해와 언어 구성 요소 · 90분

Teil	목표	지문 종류	문제 유형	문항 수	배점
1	전체적 이해	간단한 신문 기사	짝 맞추기	5	25
2	상세한 이해	기사, 묘사, 편지 등	삼지선다	5	25
3	선택적 이해	편지, 전단지, 지면 광고 등	짝 맞추기	10	25

Teil	목표	문제 유형	문항 수	배점
1	문법 이해	삼지선다	10	15
2	어휘	짝 맞추기	10	15

✓ Hörverstehen 청해 · 약 30분

Teil	목표	지문 종류	문제 유형	문항 수	배점
1	전체적 이해	의견	참/거짓	5	25
2	상세한 이해	대화 또는 대담	참/거짓	10	25
3	선택적 이해	음성 안내	참/거짓	5	25

Schriftlicher Ausdruck 글로 표현하기 · 30분

목표	문제 유형	배점
필요한 내용을 담아 형식에 맞춰 글쓰기	비격식 또는 반격식체로 이메일 쓰기	45

 ## Mündlicher Ausdruck 말로 표현하기 · 약 35분

준비 시간 20분 + 시험 시간 약 15분: 약 35분

Teil	목표	시간(분)	배점
1	서로 소개하기	3	15
2	주제와 관련 있는 대화하기	6	30
3	함께 계획하기	6	30

각 Teil의 배점은 다음과 같습니다.

항목	표현 능력		과제 수행 능력		형식 적합성		발음과 억양	
	Teil 1	Teil 2, 3	Teil 1	Teil 2, 3	Teil 1	Teil 2, 3	Teil 1	Teil 2, 3
배점	4	8	4	8	4	8	3	6

시험 진행에 앞서

전체 시험 일정은 크게 두 부분으로 나뉩니다. 먼저 지필 시험에 해당하는 독해와 언어 구성 요소, 청해, 글로 표현하기 시험을 진행합니다. 소요 시간은 대략 2시간 30분 가량이며, 중간에 쉬는 시간은 없습니다. 구술 시험은 시험 전에 20분 동안 준비 시간이 제공된 뒤, 약 15분 동안 진행합니다. 구술 시험은 지필 시험과 같은 날에 진행할 수도, 다른 날에 진행할 수도 있으며, 이는 각 Prüfungszentrum에서 확인할 수 있습니다.

지필 시험은 답안 작성지인 Antwortbogen에 연필로 답안을 작성합니다. 독해와 언어 구성 요소, 청해, 글로 표현하기 시험이 끝날 때마다 각 시험에 해당하는 Antwortbogen을 걷어 가니, 문제를 풀면서 Antwortbogen에 답을 기입하세요. 문제지인 Aufgabenheft에 적은 내용은 채점에 반영되지 않습니다.

> **시간에 맞춰서 Antwortbogen에 답을 기입하며 풀어 보세요!**
>
> **최신 Antwortbogen 양식은 telc 홈페이지 Übungsmaterial 항목의 Übungstest 문서를 활용하시기 바랍니다.**

구술 시험은 보통 응시자 두 명이 한 조로 짝을 지어 진행되지만, 경우에 따라 시험 책임자의 재량으로 조별 인원수는 바뀔 수 있습니다. 구술 시험 응시자 수가 한 명일 경우 시험관 중 한 명이 대화 상대를 맡습니다.

만점은 총점 300점으로, 지필 시험 225점(독해 75, 언어 구성 요소 30, 청해 75, 글로 표현하기 45), 구술 시험 75점입니다. 총점에 따라 성적을 매기며, 합격 기준은 총점 180점, 지필 시험 135점, 구술 시험 45점 이상입니다.

총점	성적
270~300	sehr gut
240~269.5	gut
210~239.5	befriedigend
180~209.5	ausreichend
0~179.5	nicht bestanden

시험 진행

지필 시험

1. Antwortbogen을 우선 나눠 줍니다. 날짜, Testversion, Prüfungszentrum, 개인 정보 등을 Antwortbogen에 적습니다.
2. Aufgabenheft를 나눠 주면 독해 시험과 언어 구성 요소 시험이 중간에 쉬는 시간 없이 90분 동안 진행됩니다.
3. 독해와 언어 구성 요소 시험이 끝나면 해당 Antwortbogen을 걷어 가고, 쉬는 시간 없이 바로 청해 시험이 약 30분 동안 진행됩니다.
4. 청해 시험이 끝나면 해당 Antwortbogen을 걷어 가고, 쉬는 시간 없이 바로 글로 표현하기 시험이 30분 동안 진행됩니다.
5. 글로 표현하기 시험이 끝나면 나누어 주었던 모든 종이를 회수하고, 지필 시험이 종료됩니다.

구술 시험

1. 구술 시험은 시험 준비 시간 20분, 시험 시간 약 15분으로 총 약 35분 동안 진행됩니다.
2. 시험이 진행되기 전에 응시자 두 명은 시험지와 메모지를 받고, 20분 동안 시험을 준비합니다.
3. 부분 1은 서로 소개하기입니다. 약 3분 동안 진행하며, 시험관이 먼저 소개하고 응시자에게 시작을 요청합니다.
4. 부분 1이 끝나면 시험관이 부분 2로 진행합니다. 부분 2는 약 6분 동안 진행됩니다.
5. 부분 2가 끝나면 시험관이 부분 3으로 진행합니다. 부분 3은 약 6분 동안 진행됩니다.
6. 부분 3까지 종료되면 시험관은 시험 종료를 알립니다.

> 시간에 맞춰서 Antwortbogen에 답을 기입하며 풀어 보세요!
> 최신 Antwortbogen 양식은 telc 홈페이지 Übungsmaterial 항목의 Übungstest 문서를 활용하시기 바랍니다.

영역별 상세 안내

Leseverstehen 독해

독해 시험은 언어 구성 요소 시험과 함께 쉬는 시간 없이 총 90분 동안 진행됩니다. 기사, 편지, 안내, 지면 광고 등 다양한 글이 제시됩니다. 독해와 언어 구성 요소 시험 시간이 끝나면 이 부분에 해당하는 Antwortbogen 2쪽을 수거하니, Antwortbogen에 바로 답을 기입하세요.

> 지문은 Zertifikat Deutsch B1 어휘 목록에 없는 단어를 포함할 수도 있습니다.

Teil 1

제목 열 개와 간단한 신문 기사 다섯 편을 읽고, 각 글에 알맞은 제목을 고르는 문제입니다. 제목은 한 번만 쓸 수 있습니다. 각 글에서 주요 내용이 무엇인지 잘 파악하여 이를 가장 잘 나타낸 제목이 무엇인지 골라야 합니다. 배점은 문항당 5점입니다.

Teil 2

기사, 설명문, 편지 등을 읽고 다섯 문제를 풀어야 합니다. 보기 a, b, c 가운데 맞는 내용을 고르는 문제이며, 글의 내용을 정확히 파악하는 것이 중요합니다. 배점은 각 문항당 5점입니다.

Teil 3

일상 생활에서 발생할 수 있는 상황을 읽고, 해당 상황에 필요한 편지, 전단지, 지면 광고를 고르는 문제입니다. 상황은 열 개, 광고 등은 열두 개가 제시됩니다. 상황에 알맞은 짝이 없는 경우에는 X를 선택합니다. 배점은 문항당 2.5점입니다.

Sprachbausteine 언어 구성 요소

문법과 어휘 시험으로 각 부분마다 지문이 하나씩 제시되고, 지문의 빈칸에 알맞은 단어를 찾아 넣어야 합니다. 독해와 언어 구성 요소 시험 시간이 끝나면 이 부분에 해당하는 Antwortbogen을 수거하니, 문제를 풀면서 Antwortbogen에 바로 답을 기입하세요.

> 지문에는 Zertifikat Deutsch B1 어휘 목록에 없는 단어가 포함될 수도 있습니다.

Teil 1

빈칸에 알맞은 접속사, 인칭 대명사, 어미 변화, 조동사, 부사 등을 찾아야 하는 문법 문제입니다. 지문에는 빈칸이 열 개 있고, 각 빈칸마다 보기가 a, b, c 세 개 제시됩니다. 배점은 문항당 1.5점입니다.

Teil 2

빈칸에 알맞은 단어를 찾아 넣어야 하는 문제입니다. 지문에는 빈칸이 열 개 있고, 보기 단어는 열다섯 개가 제시됩니다. 배점은 문항당 1.5점입니다.

> 보기의 각 단어는 한 번씩만 사용되며, 다섯 단어는 남습니다.

Hörverstehen 청해

쉬는 시간 없이 바로 청해 시험이 진행됩니다. 의견, 라디오 방송, 대담, 안내 방송 등을 듣고 문제를 풀어야 합니다. 독일어권에서 사용하는 다양한 억양을 들을 수 있습니다. 지문에는 Zertifikat Deutsch B1 어휘 목록에 없는 단어가 포함될 수도 있습니다. Hörverstehen 시험이 끝나면 이 부분에 해당하는 Antwortbogen을 수거하니, 문제를 풀면서 Antwortbogen에 바로 답을 기입하세요.

> 본 교재의 듣기 시험 음성은 각 Hören 시험 첫 장에 있는
> QR 코드에 연동된 주소에서 들을 수 있습니다.
>
> 실제 시험과 같이 중단 없이 한번에 끝까지 들으면서 문제를 풀어 보세요!

Teil 1

다섯 가지 의견을 듣고 참인지 거짓인지 고르는 문제입니다. 한 지문에 한 문제씩 풀어야 하며, 음성은 한 번씩 들려줍니다. 음성을 듣기 전, 문제를 먼저 읽을 수 있는 시간이 30초 제공됩니다. 배점은 문항당 5점입니다.

Teil 2

대화 또는 대담을 들으면서 참인지 거짓인지 고르는 문제입니다. 문항 수는 총 열 개이며 음성은 두 번씩 들려줍니다. 음성을 듣기 전, 문제를 먼저 읽을 수 있는 시간이 1분 제공됩니다. 배점은 문항당 2.5점입니다.

Teil 3

전화 음성, 라디오 방송, 안내 방송 등 지문 다섯 개를 듣고, 참인지 거짓인지 고르는 문제입니다. 각 음성을 듣기 전에 문제를 읽을 시간이 잠깐 제공되며, 각 음성은 두 번씩 들려줍니다. 배점은 문항당 5점입니다.

Schriftlicher Ausdruck 글로 표현하기

쉬는 시간 없이 바로 글로 표현하기 시험이 45분 동안 진행됩니다. 이메일이 지문으로 제시되며, 문제에서 제시하는 항목 네 가지를 포함하여 비격식 또는 반격식체로 답장을 작성해야 합니다. 자연스러운 문장 연결, 네 항목을 배치한 순서는 물론 첫인사, 도입, 마무리 인사 등 적절한 편지글 형식을 사용하였는지 또한 채점 기준입니다. 배점은 45점입니다.

Mündlicher Ausdruck 말로 표현하기

말하기 시험은 시험관 두 명이 참석한 가운데 다른 응시자가 대화 상대로 함께 응시합니다. 원칙상 두 응시자가 한 쌍으로 시험을 치러야 하지만, 경우에 따라 시험 책임자 재량으로 인원수를 바꿀 수도 있습니다. 응시자가 한 명일 때는 시험관 중 한 명이 대화 상대를 맡습니다. 시험이 진행되기 앞서 시험 준비 시간이 20분 제공되며, 시험은 세 부분으로 나뉩니다. 준비 시간 포함 약 35분 동안 진행됩니다.

Vorbereitung 준비

문제지를 읽고 시험에 필요한 내용을 메모할 수 있는 시험 준비 시간입니다. 고사장에서 나누어 준 종이에만 메모할 수 있으며, 문제지에는 아무것도 적어서는 안 됩니다. 응시자는 시험 준비 시간 동안 사전, 전화기, 기타 전자기기 등과 같은 도구를 사용할 수 없고, 대화 상대와 이야기를 나눌 수 없습니다. 준비 시간은 20분 제공됩니다.

> 준비 시간에 작성한 메모는 시험 시간에 사용할 수 있지만,
> 적은 내용을 그대로 읽으면 안 됩니다.
>
> 주요 단어만 간단하게 적고 최대한 자연스럽게 말해야 합니다.

Einander kennenlernen 서로 알아 가기

두 응시자가 서로 알아 가는 시간입니다. 우선 시험관이 간단하게 본인을 소개하고 시험을 진행합니다. 응시자는 준비 시간에 나누어 준 시험지에 제시된 항목을 포함하여 자신을 소개하고, 상대방에게 질문도 합니다. 경우에 따라 시험관은 여가 활동, 직업, 학업 등 자기 소개할 만한 내용 가운데 시험지에 미리 제시되지 않은 추가 내용도 질문합니다. 약 3분 동안 진행됩니다.

Über ein Thema sprechen 한 가지 주제와 관련해 말하기

각 응시자는 준비 시간에 받은 시험지를 바탕으로 대화해야 합니다. 각 시험지에는 서로 대치되는 의견이 적혀 있습니다. 응시자는 자신이 받은 시험지에 적힌 내용을 상대방에게 소개한 뒤, 해당 주제와 관련하여 의견을 나눠야 합니다. 이때 응시자는 자신의 경험을 설명하고 자신의 견해도 밝혀야 합니다. 약 6분 동안 진행됩니다.

Gemeinsam etwas planen 함께 계획하기

각 응시자는 준비 시간에 받은 시험지를 바탕으로 대화 상대와 함께 계획을 짜야 합니다. 각 시험지에는 다른 내용이 적혀 있습니다. 자신의 생각이나 의견을 제시하고, 상대방의 생각이나 제안에 반응해야 합니다. 무엇을 해야 하고 누가 어떤 일을 맡을지 협의해야 합니다. 약 6분 동안 진행됩니다.

Modelltest 1

듣기 시험 음성 QR코드는 첫 번째 듣기 문제 시작 부분에 있습니다.

Leseverstehen Teil 1

Lesen Sie die Überschriften a–j und die Texte 1–5. Finden Sie für jeden Text die passende Überschrift.
Sie können jede Überschrift nur einmal benutzen.
Markieren Sie Ihre Lösungen für die Aufgaben 1–5 auf dem Antwortbogen.

a **Radtouren durch ganz Europa für jedermann**

b Wien, die lebenswerteste Stadt der Welt

c **Wieso es Nichtdeutsche nach Deutschland zieht**

d *5 Tage unterwegs mit dem Fahrrad*

e Nilpferde mögen keine Fremden

f *Wien stürzt nach einem Jahr Pandemie ab*

g Paarurlaub in der Therme

h *Für diese Berufe braucht man Deutsch*

i Paarurlaub zu Weihnachten

j Nilpferde begrüßen sich mit Kot

1

Die Aussicht auf ein besseres Leben, ein Studium in den Bereichen Musik, Philosophie oder Technik oder die Arbeit in der Schiffstechnikbranche ziehen Nichtdeutsche nach Deutschland. Den guten Ruf Deutschlands belegte eine Studie der Universität Leipzig. Für die Studie wurden 500 Deutschlernende aus unterschiedlichen Ländern über ihre Beweggründe für einen Umzug nach Deutschland befragt.

2

Diesen Winter gibt es tolle Angebote für Paare, die Weihnachten nicht mit der Familie verbringen möchten. Mit den Paar-Spar-Angeboten von Skitraum Stern wird ein Skiurlaub mit Thermenaufenthalt endlich leistbar. Lassen Sie den Familienstress hinter sich und genießen Sie die Feiertage umgeben von Schnee und heißen Quellen auf 3000 m Höhe.

3

Jeder weiß wie ein Nilpferd aussieht, doch kaum jemand weiß mehr über diese mysteriösen Tiere. Eine neue Studie hat gezeigt, dass Nilpferde gar nicht gerne mit fremden Nilpferden kommunizieren. Schon bei dem kleinsten fremden Nilpferd-Grunzen beginnen Nilpferde ihre Umgebung mit Kot zu bedecken. Wenn Nilpferde das Grunzen eines Freundes hören, nähern sie sich dem Geräusch ohne zu zögern und antworten freudig auf das bekannte Grunzen.

4

„Fahrradtour Europa" heißt der neue Prospekt der europäischen Reisevereinigung. In dem 300-seitigen Prospekt finden Sie lange 5-tägige Routen sowie kurze Tagesausflüge durch die schönsten Gebiete in ganz Europa. Zu den Routen gibt es auch Restaurantempfehlungen und Informationen über die Wegbeschaffenheit. Ebenfalls gibt es rechtliche Hinweise zum Fahrradfahren in den jeweiligen Ländern.

5

Wien ist nicht mehr die Nummer 1. Nach 10 Jahren ging der Titel der lebenswertesten Stadt der Welt an eine andere Stadt und zwar an Auckland in Australien. Die Corona-Pandemie hat das Leben in ganz Europa stark verändert. Diese Änderungen hatten leider auch einen Einfluss auf die Lebensqualität. Für Wien reichte es nicht einmal mehr für die Top 10. In nur einem Jahr rutsche die 1,9-Millionen-Stadt auf Rang 12 ab.

Leseverstehen Teil 2

Lesen Sie den Text und die Aufgaben 6–10. Welche Lösung (a, b oder c) ist jeweils richtig?
Markieren Sie Ihre Lösungen für die Aufgaben 6–10 auf dem Antwortbogen.

Hausmittel gegen Schnupfen: Diese Hausmittel helfen wirklich

Verschiedenste Hausmittel gegen Schnupfen wurden von Wissenschaftlern getestet und diese 4 Hausmittel erwiesen sich als echte Helfer.

Wer einen Schnupfen hat, geht in Deutschland meistens nicht zum Arzt. Viele greifen auf sogenannte Hausmittel, die den Schnupfen auf natürliche Art heilen sollen, zurück. Von Tee zu Hühnersuppe bis Zwiebelwickeln, die Liste der Hausmittel ist endlos. Doch was hilft nun wirklich? Mediziner der Mainzer Uniklinik haben 15 Hausmittel auf ihre Wirkung untersucht und sind zu folgenden Ergebnissen gekommen.

Am wichtigsten bei einer Erkältung ist die Flüssigkeitsaufnahme. Auch bei einem Schnupfen muss man viel Wasser und Tee trinken. Die Flüssigkeit befeuchtet und beruhigt die gereizten Schleimhäute. Vor allem heiße Getränke wie Tees, aber auch Hühnersuppe helfen durch den aufsteigenden Dampf besonders die Schleimhäute der Nase zu befeuchten. Tees und Hühnersuppe helfen somit wirklich gegen einen Schnupfen. Hühnersuppe hat noch einen weiteren Vorteil: Die Eiweiße der Suppe stärken das Immunsystem und helfen somit dem Körper, den Schnupfen zu bekämpfen.

Ebenso erwies sich scharfes Essen als echter Held gegen Schnupfen. Speziell die Schärfe von Meerrettich und Wasabi kann die Nasenschleimhäute befreien. Sie löst den Schleim und hemmt die Vermehrung von Bakterien und Viren. Auch Knoblauch hat die gleiche Wirkung. Experten empfehlen 2-3 Knoblauchzehen täglich gegen Schnupfen.

Zudem wurde die Wirksamkeit von Vitamin C gegen Schnupfen bewiesen. Dass Vitamin C die Abwehrkräfte stärkt, ist allbekannt und das Ergebnis hat niemanden verwundert. Zitronen und Johannisbeersaft sind die Favoriten der Wissenschaftler, aber auch Vitamin-C-Tabletten können das Immunsystem stärken.

Zu guter Letzt steht Wärme auf der Liste der wirksamen Hausmittel gegen Schnupfen. Sowie unser Körper Viren und Bakterien mit Fieber effizienter tötet, können wir ihn mit Wärme von außen dabei unterstützen. Durch Rotlichtlampen, Tees und warme Kräuterbäder kann die Schnupfenzeit erheblich verkürzt werden.

6 Bei einem Schnupfen

    a muss man unbedingt zum Arzt gehen.

    b können ganz einfache Hausmittel helfen.

    c hilft nur Medizin aus der Apotheke.

7 Viel trinken ist wichtig, weil

    a man den Schnupfen einfach ausspülen kann.

    b die Schleimhäute ganz trocken sein müssen.

    c die Schleimhäute viel Feuchtigkeit brauchen.

8 Scharfes Essen

    a löst den Schleim und hilft so den Schnupfen loszuwerden.

    b ist nicht gut bei Schnupfen und sollte auf alle Fälle vermieden werden.

    c schmerzt in der Nase und verursacht dadurch mehr Schleim.

9 Vitamin C ist

    a nur als Tablette hilfreich und sollte täglich eingenommen werden.

    b das einzige Hausmittel, das gegen Schnupfen hilft.

    c gut für das Immunsystem, egal woher es kommt.

10 Wenn man leichtes Fieber hat,

    a muss man sofort ins Krankenhaus oder zum Arzt.

    b muss man den Körper herunterkühlen, bis man kein Fieber mehr hat.

    c tötet man Bakterien und Viren besser ab und kann somit schneller gesund werden.

Leseverstehen Teil 3

Lesen Sie die Situationen 11–20 und die Anzeigen a–l. Finden Sie für jede Situation die passende Anzeige. Sie können jede Anzeige nur einmal benutzen.

Markieren Sie Ihre Lösungen für die Aufgaben 11–20 auf dem Antwortbogen.

Wenn Sie zu einer Situation keine Anzeige finden, markieren Sie ein x.

11 Sie möchten Ihren Partner zu einem romantischen Dinner einladen. Es ist Ihr Jahrestag.

12 In den Sommerferien möchten Sie gerne eine Reise nach Indien machen, aber Sie möchten nicht alleine reisen.

13 Eine Freundin aus Ihrer Heimat kommt Sie besuchen. Sie möchte einen Deutschkurs besuchen. Sie ist einen Monat lang in Deutschland.

14 Sie müssen Abendessen für Ihre Kinder auf den Tisch bringen. Alle möchten etwas anderes essen.

15 Sie möchten nächstes Jahr nach Australien fliegen. Sie suchen einen billigen Flug.

16 Sie möchten, dass Ihre Tochter Tanzunterricht nach der Schule nimmt.

17 Ihr Sohn ist nicht gut in Englisch. Er braucht zusätzlichen Unterricht.

18 Sie interessieren sich für Marketing durch soziale Medien.

19 Ihre Nichte spricht nicht gut Deutsch. Sie möchte gerne mit Muttersprachlern üben.

20 Ihr Sohn möchte ein Auslandssemester machen. Sie suchen ein Stipendium.

a

Eins, zwei, Cha Cha Cha!

Schwingen Sie das Tanzbein in unseren Kursen für Erwachsene! Jeden Freitag- und Samstagabend!

05925 24583

Ortszentrum, Hauptstraße 54, 8700 Schladnitzdorf

b

Backpacking Tour!

Sie möchten etwas erleben, aber dennoch sicher sein? Wir organisieren Gruppen-Backpack-Reisen durch Nepal, Indien, Bhutan und Bangladesch.

2 Wochen für nur 500 € (Anreise exclusive)

www.2getherBP.com

c

Sprechtreff!

Treffen Sie Muttersprachler aus vielen Ländern! Anfänger willkommen!

Mittwochs, ab 17 Uhr

Jugendzentrum

041 245 65 35

Industriestrasse 92, 6302 Zug

d

Frühbucherbonus!

Air Australia bietet billige Flüge für Frühbucher! Sichern Sie sich Ihren Bonus bei einer Buchung 6 Monate im Voraus!

Angebote auf www.airaus.au

e

Nachhilfe für Schüler

Ihr Kind hat Probleme mit Deutsch, Mathematik oder Fremdsprachen? Bei uns finden Sie kompetente Studenten, die Ihren Kindern beim Lernen helfen.

www.studihilfe.de

f

Chez Marianne

Feinste französische Küche in kuscheligem Ambiente für Ihren besonderen Tag!

Nur mit Reservierung! Spezielle Tischdekoration auf Wunsch.

g

BIFI

- Weiterbildung für Erwachsene

Diverse Einsteigerkurse für Computer, soziale Netzwerke, Investition und vieles mehr.

Weitere Informationen unter:

www.bifi.org

h

Auslandssemester in Bern

Wir helfen Ihnen bei der Bewerbung und begleiten Sie durch den Aufnahmeprozess bis hin zum letzten Studientag! Bern wartet auf Sie!

www.bernruft.com

i

Deutschkurse Raffael

Deutschkurse für jedes Level. 4-Wochen-Intensivkurse in den Sommer- und Winterferien.

Intensivkurse á 20 Stunden € 478,-

0400 52464174

j

Studieren im Ausland

Alle Informationen zu Stipendien und Förderungen für Dein Auslandssemester.

Zudem erzählen Dir unsere Alumni von ihren Erfahrungen.

www.auslandsstudi.de

k

Restaurant Hunger

Wir stillen jeden Hunger, ob klein oder groß. Bei uns finden Sie das Passende. Ob asiatische oder westliche Küche, unsere Köche verzaubern Ihr Zuhause in ein internationales Buffet.

Bestellen Sie jetzt unter

0300 54260141

l

Gratis Vortrag von

Prof. Martin Gruber

über

soziale Medien und Marketing!

Lernen Sie, wie Sie Ihr Business online vermarkten!

Sa. 02.10.2022, Stadtkino, Saal 2, **ohne Voranmeldung**

Sprachbausteine Teil 1

Lesen Sie den Text und schließen Sie die Lücken 21–30. Welche Lösung (a, b oder c) ist jeweils richtig? Markieren Sie Ihre Lösungen für die Aufgaben 21–30 auf dem Antwortbogen.

Liebe Franziska,

nach meinem Auslandssemester in Lillehammer bin ich nun wieder zuhause. Ich vermisse das Leben in Norwegen __21__ schon. Ich habe mir überlegt, dort im Sommer ein Praktikum zu machen. Leider kann ich noch nicht __22__ Norwegisch.

Das Beste an Lillehammer ist __23__ Stadtzentrum mit den historischen Gebäuden. Im Winter wird es __24__ sehr früh dunkel, aber die warme Beleuchtung und der helle Schnee machen die Innenstadt sehr romantisch. Dort habe ich auch __25__ neuen Freund kennengelernt. Er hat mich __26__ auf dem Weihnachtsmarkt angesprochen und der Rest ist Geschichte. Zum Glück kann er __27__ Englisch. Er __28__ mir auch versprochen, mir beim Norwegisch lernen zu helfen. Vielleicht schaffe ich es mit seiner Hilfe doch noch, bis __29__ Sommer gut genug für ein Praktikum zu werden.

Melde dich, wenn du wieder in der Heimat bist. Ich habe __30__ noch so viel mehr zu erzählen!

Bis bald!

Liebe Grüße
Anne

21	a noch	**24**	a aber	**27**	a nicht	**30**	a dich
	b jetzt		b ziemlich		b wenig		b es
	c immer		c zwar		c super		c dir
22	a fließend	**25**	a meinen	**28**	a hat		
	b fließendes		b mein		b ist		
	c fließender		c meiner		c war		
23	a dem	**26**	a einfach	**29**	a zu		
	b das		b nur		b zum		
	c diese		c leicht		c zur		

Sprachbausteine Teil 2

Lesen Sie den Text und schließen Sie die Lücken 31–40. Benutzen Sie die Wörter a–o.
Jedes Wort passt nur einmal.

Markieren Sie Ihre Lösungen für die Aufgaben 31–40 auf dem Antwortbogen.

> Junge(r), engagierte(r)
> **Universitätsassistent*in**
> für Angewandte Fotografie gesucht.
> Haben Sie tiefgreifendes Verständnis für Lichttechnik und Fotografie? Sind Sie ein Organisationstalent?
> Dann senden Sie Ihre Bewerbung an
> fotouni@bochum.de

Sehr geehrte Damen und Herren,

hiermit bewerbe ich __31__ um die Stelle als Universitätsassistent für Angewandte Fotografie an der Universität Bochum.
Ich erfülle alle Anforderungen, die in der Anzeige genannt __32__. Derzeit studiere ich Angewandte Fotografie und Moderne Medien __33__ der Universität Bochum im vierten Semester. Durch __34__ Projekte habe ich viel Erfahrung in Fotografie und Lichttechnik gesammelt. Zudem habe ich auch __35__ Erfahrung mit Eventfotografie. Die letzten zwei Jahre __36__ ich einen Nebenjob im Bereich Eventorganisation und konnte dort meine Lichttechnik-Kenntnisse __37__ und mein Organisationstalent unter Beweis stellen. __38__ hinaus spreche ich zwei Fremdsprachen, Englisch und Spanisch, und habe erweiterte Software-Kenntnisse im Bereich Bildbearbeitung.

Damit Sie sich ein Bild __39__ meinen Fähigkeiten machen können, sende ich Ihnen __40__ Anhang mein Portfolio. Ich würde mich sehr über die Einladung zu einem persönlichen Gespräch freuen.

Mit freundlichen Grüßen
Kristof Monet

a AN	d DARÜBER	g HATTE	j MIR	m VERTIEFEN
b ANDERE	e FÜR	h IM	k SCHON	n WERDEN
c DA	f HABE	i MICH	l VON	o ZAHLREICHE

Hörverstehen Teil 1

 듣기 시험 음성 QR
재생시간은 듣기시험 전체 재생시간과 동일하며, 중단 없이 들으면서 동시에 문제를 풀어야 합니다.

Sie hören nun fünf kurze Texte. Dazu sollen Sie fünf Aufgaben lösen.

Sie hören diese Texte nur einmal.

Entscheiden Sie beim Hören, ob die Aussagen 41-45 richtig oder falsch sind. Markieren Sie Ihre Lösungen auf dem Antwortbogen bei den Aufgaben 41-45. Markieren Sie PLUS (+) gleich richtig und MINUS (–) gleich falsch auf dem Antwortbogen.

Lesen Sie jetzt die Aufgaben 41-45. Sie haben dazu 30 Sekunden Zeit.

41 Die Sprecherin würde ihren Job gerne kündigen, aber sie braucht das Geld.

42 Die Sprecherin ist gerade zwischen zwei Jobs. Ihr letzter Job hat ihr keinen Spaß mehr gemacht.

43 Der Sprecher hat seit über 20 Jahren denselben Job in derselben Firma.

44 Die Sprecherin ist zufrieden, aber sie würde gerne mehr verdienen.

45 Die Sprecherin möchte gerne wieder ins Berufsleben einsteigen.

Hörverstehen Teil 2

Sie hören nun ein Gespräch. Dazu sollen Sie zehn Aufgaben lösen.

Sie hören das Gespräch zweimal.

Entscheiden Sie beim Hören, ob die Aussagen 46-55 richtig oder falsch sind. Markieren Sie Ihre Lösungen auf dem Antwortbogen bei den Aufgaben 46-55. Markieren Sie PLUS (+) gleich richtig und MINUS (−) gleich falsch auf dem Antwortbogen.

Lesen Sie jetzt die Aufgaben 46-55. Sie haben dazu eine Minute Zeit.

46   Das Thema der heutigen Sendung ist Freundschaft.

47   Ehrlichkeit ist das Wichtigste in einer guten Freundschaft.

48   Deutsche haben durchschnittlich drei richtig gute Freunde.

49   Kinder haben meistens einen besten Freund oder eine beste Freundin.

50   Die meisten Menschen lernen ihre Freunde in der Schule kennen.

51   Viele Menschen gehen alleine in einen Sportkurs.

52   Mit Freunden essen zu gehen, ist eine sehr beliebte Freizeitbeschäftigung.

53   Das wichtigste Thema bei Unterhaltungen mit Freunden ist „Familie".

54   Über einen neuen Partner/eine neue Partnerin spricht man kaum mit Freunden.

55   80 % der Befragten denken, dass sie sich öfter bei ihren Freunden melden müssen.

Hörverstehen Teil 3

Sie hören nun fünf kurze Texte. Dazu sollen Sie fünf Aufgaben lösen. Sie hören jeden Text zweimal.
Entscheiden Sie beim Hören, ob die Aussagen 56-60 richtig oder falsch sind.
Markieren Sie Ihre Lösungen für die Aufgaben 56-60 auf dem Antwortbogen.
Markieren Sie PLUS (+) gleich richtig und MINUS (−) gleich falsch.

56   Im Norden Deutschlands ist es heute windig.

57   Die Uraufführung von „Rosetta" ist am Donnerstag.

58   Das Hotel liegt in der Reichsstraße.

59   Wintermäntel sind nur heute reduziert.

60   Auf diesem Flug wird gar kein Alkohol serviert.

Schriftlicher Ausdruck

Sie haben von einer Freundin folgende E-Mail erhalten:

Liebe/r _____,

danke für deine lange E-Mail. Ich würde mich sehr freuen, wenn du mich besuchen kommen würdest. Warst du schon einmal in Europa?

Was möchtest du in Deutschland unternehmen? Wie du weißt, wohne ich ganz nahe an der Grenze zu den Niederlanden. Wenn du möchtest, können wir auch einen Ausflug in die Niederlande machen.

Ich würde dir empfehlen, im Frühling zu kommen, da ist das Wetter noch nicht zu heiß und überall blühen die Blumen. Allerdings musst du dir trotzdem eine Jacke mitnehmen. Ich habe zu Ostern frei. Kannst du zu Ostern kommen?

Bitte sag Bescheid, ob das für dich in Ordnung ist.

Herzliche Grüße

Rosa

Antworten Sie auf die E-Mail. Schreiben Sie etwas zu allen vier Punkten:

- Ihre Erfahrung in Europa
- was Sie in Deutschland machen möchten
- wie Sie sich am besten vorbereiten können
- was Sie aus Ihrem Heimatland mitbringen können

Überlegen Sie sich vor dem Schreiben eine passende Reihenfolge der Punkte, einen passenden Betreff, eine passende Anrede, Einleitung und einen passenden Schluss.

Mündlicher Ausdruck

Teilnehmer/in A und B

Teil 1 Einander kennenlernen

Unterhalten Sie sich mit Ihrer Partnerin bzw. Ihrem Partner über folgende Themen:

Wie sie/er heißt

Woher sie/er kommt

Wie sie/er wohnt (Wohnung, Haus, Garten …)

Familie

Wie sie/er Deutsch gelernt hat

Was sie/er macht (Schule, Studium, Beruf …)

Sprachen (welche? warum? wie gut?)

Die Prüfenden können außerdem noch weitere Fragen stellen.

Teilnehmer/in A

Teil 2 Über ein Thema sprechen

Sie haben in einer Zeitschrift etwas zum Thema „Leben in der Stadt oder auf dem Land" gelesen. Berichten Sie Ihrer Gesprächspartnerin/Ihrem Gesprächspartner darüber.

Ihre Gesprächspartnerin/Ihr Gesprächspartner hat eine andere Meinung dazu gelesen und berichtet Ihnen auch darüber.

Unterhalten Sie sich dann mit Ihrer Gesprächspartnerin/Ihrem Gesprächspartner über das Thema. Sagen Sie Ihre Meinung und erzählen Sie von eigenen Erfahrungen.

Leben in der Stadt oder auf dem Land

„Ich lebe seit meiner Geburt in einem kleinen Dorf. Meine Mutter war schon Bäckerin und ich bin in ihre Fußstapfen getreten. Ich könnte mir ein Leben in der Stadt gar nicht vorstellen. Jedes Mal wenn ich in die Stadt fahre, ist alles so laut und es gibt viel zu viele Menschen. Da will ich dann nur noch nach Hause."

Marion Becker, 22 Jahre, Bäckerin

Teilnehmer/in B

Teil 2 Über ein Thema sprechen

Sie haben in einer Zeitschrift etwas zum Thema „Leben in der Stadt oder auf dem Land" gelesen. Berichten Sie Ihrer Gesprächspartnerin/Ihrem Gesprächspartner darüber.

Ihre Gesprächspartnerin/Ihr Gesprächspartner hat eine andere Meinung dazu gelesen und berichtet Ihnen auch darüber.

Unterhalten Sie sich dann mit Ihrer Gesprächspartnerin/Ihrem Gesprächspartner über das Thema. Sagen Sie Ihre Meinung und erzählen Sie von eigenen Erfahrungen.

Leben in der Stadt oder auf dem Land

„Ich bin auf dem Land aufgewachsen und für mein Studium in die Stadt gezogen. An das Stadtleben habe ich mich schnell gewöhnt. Wenn ich meine Eltern besuche, genieße ich den ersten Tag in der Heimat, aber dann wird mir schon langweilig. Ich vermisse die Action der Stadt."

Robert Neumann, 27 Jahre, Techniker

Teilnehmer/in A und B

Teil 3 Gemeinsam etwas planen

Sie haben einen Intensiv-Deutschkurs gemacht und viele neue Freunde kennengelernt. Sie wollen am letzten Kurstag etwas Besonderes für alle Kursteilnehmer planen. Sie und Ihr/Ihre Partner/in haben beschlossen eine kleine Abschiedsfeier zu planen. Überlegen Sie sich, was alles zu tun ist und wer welche Aufgaben übernimmt. Sie haben sich schon diese Liste gemacht.

Abschiedsfeier

- Wann?
- Wo?
- Essen
- Kuchen
- Getränke
- Geld?
- ...

Entscheiden Sie zuerst, was Sie machen möchten und warum.

Tragen Sie Ihrem/Ihrer Partner/in Ihre Ideen vor und begründen Sie sie.

Reagieren Sie auf die Ideen Ihres Partners bzw. Ihrer Partnerin und die Begründungen.

Einigen Sie sich auf einen gemeinsamen Programmvorschlag.

Modelltest 2

듣기 시험 음성 QR코드는 첫 번째 듣기 문제 시작 부분에 있습니다.

Leseverstehen Teil 1

Lesen Sie die Überschriften a–j und die Texte 1–5. Finden Sie für jeden Text die passende Überschrift.
Sie können jede Überschrift nur einmal benutzen.
Markieren Sie Ihre Lösungen für die Aufgaben 1–5 auf dem Antwortbogen.

a Online-Unterricht beeinflusst unser Freizeitverhalten

b **Lange und glücklich zu leben, ist das Ziel Japans**

c *Endlich etwas Gutes für die Jugend in Perleberg*

d **Die Gastronomie bezahlt ihren Angestellten mehr**

e Die Zeit vor dem Bildschirm wird immer länger

f *Japaner möchten noch älter werden*

g Sommerurlaub so günstig wie noch nie

h Viele freie Stellen, aber kein Interesse

i **Perleberg ist ein Paradies für Jugendliche**

j *Den Sommerurlaub am besten gleich buchen*

1

In Japan lebt man am längsten. Dies ist seit Jahren bekannt. Allerdings ist der letzte Rest des Lebens für die meisten nicht mehr allzu angenehm. Krankheit und Einsamkeit verschlechtern die Lebensqualität sehr. Dies will die Regierung nun ändern. Mit einer neuen Initiative möchte sie die Lebensqualität bis ins hohe Alter erhalten. Dazu gehört die Vorsorge durch Bewegung und Sport. Doch noch wichtiger ist der soziale Kontakt zu anderen Menschen. Gegen die Einsamkeit gibt es in Krankenhäusern neues Personal. Die neuen Pfleger und Pflegerinnen sind „Plauder-Pfleger" und sitzen täglich mindestens eine Stunde bei den Patienten und plaudern mit ihnen.

2

Endlich ist ein Ende der Arbeitslosigkeit in Sicht. Mit dem wirtschaftlichen Aufschwung der Gastronomie kommen auch die Stellenangebote wieder in die Zeitungen, doch für viele Stellenangebote gibt es kaum Bewerber. Nachdem sie gekündigt wurden, mussten viele Kellner und Köche sich eine neue Arbeit suchen. Die neuen Arbeitsstellen zahlen oft besser und haben bessere Zukunftsaussichten. Daher gibt es nur wenige Kellner, die es zurück in die Gastronomie zieht.

3

Nach langem Warten bekommt Perleberg ein neues Jugend- und Freizeitzentrum. In dem neuen Jugendzentrum findet sich alles, was die jungen Herzen höher schlagen lässt. So gibt es nicht nur einen bequemen Aufenthaltsraum, sondern auch zwei Computer mit Internetzugang und einen kleinen Sportplatz im Hof. Eine Küche ermöglicht es den Jugendlichen auch, gemeinsam zu kochen und zu essen.

4

Wohin geht es diesen Sommer? Diese Frage stellt man sich meist erst ab April. Um einen günstigen Flug zu ergattern, empfehlen wir Ihnen dieses Jahr, diese Entscheidung schon früher zu treffen. Denn die Flugpreise werden bis zum Sommer stark ansteigen. Experten rechnen mit einem Anstieg von 20-25 % bei den Flügen innerhalb Europas. Überseeflüge werden noch um ein weiteres Stück teurer.

5

Eine neue Studie zeigt, dass die Deutschen mehr als 70 % ihrer Freizeit vor dem Bildschirm verbringen. In den vergangenen Jahren war dieser Prozentsatz deutlich geringer. Durch Homeoffice und Online-Unterricht verbringen wir auch unsere Arbeits- und Schulzeit vor dem Bildschirm. Die Natur und das reale Leben verlieren mehr und mehr an Bedeutung in unserem Leben.

Leseverstehen Teil 2

Lesen Sie den Text und die Aufgaben 6–10. Welche Lösung (a, b oder c) ist jeweils richtig?
Markieren Sie Ihre Lösungen für die Aufgaben 6–10 auf dem Antwortbogen.

Veganes Fastfood

Ist veganes Fastfood gesünder als der herkömmliche Burger?

Viele Fastfood-Restaurants bieten inzwischen gesündere Alternativen an. Darunter werden Salate, kalorienarme Snacks und vegane Burger angeführt. Doch wie gesund sind die veganen Burger tatsächlich und sind sie gesünder als die Fleisch-Variante?

Veganes Fastfood ist immer noch Fastfood. Daher sollte man bei veganen Burgern oder Würsten nicht an gesundes Essen denken, so Ernährungswissenschaftler der Uni Flensburg. Die Pattys werden oft aus einer langen Liste von Zutaten gefertigt. Eine Faustregel ist: Je länger die Zutatenliste, desto ungesünder das Produkt. Vor allem wenn man die einzelnen Zutaten nicht mehr erkennen kann oder die Namen der Zutaten nicht aussprechen kann, ist das Produkt mit hoher Wahrscheinlichkeit nicht gesund.

Damit Fastfood gut schmeckt, enthält es viel Fett, Salz und Geschmacksverstärker. Für längere Haltbarkeit werden Konservierungsstoffe verwendet. Dies ist bei der veganen Version nicht anders. Zudem muss man oft Stabilisatoren hinzufügen, damit der Burger auch zusammenhält.

In puncto Kalorien enthalten viele vegane Produkte zwar weniger Kalorien, aber besonders bei Fleischersatz zeigt sich kaum ein Unterschied. Im Vergleich zu Hühnerfleisch enthalten viele vegane Alternativen sogar mehr Kalorien und deutlich weniger Eiweiß.

Zudem fehlen veganen Burgern auch noch viele Vitamine, die natürlich in Fleisch vorkommen. Eines der wichtigsten Vitamine, das man als Veganer nur schwer konsumieren kann, ist Vitamin B12. Es kommt natürlich in Fleisch- und Fischprodukten vor, aber ein veganer Burger hat dieses Vitamin nicht. Häufig werden Vitamine wie B6 und B12 künstlich hinzugefügt.

Veganes Fastfood ist also nicht gesünder als nicht veganes Fastfood. Grundsätzlich ist eine Ernährung ohne Fastfood am gesündesten. So empfehlen Experten, auch vegane Fleischalternativen nur ein- bis zweimal die Woche zu konsumieren. Wer sich gesund und vegan ernähren möchte, sollte auf frische und nicht verarbeitete Lebensmittel zurückgreifen und auf eine ausgewogene Ernährung achten. Man sollte sich nicht von den vielen grünen Stickern täuschen lassen. Fastfood ist und bleibt Fastfood.

6 Viele Menschen denken fälschlicherweise,

    a dass eine vegane Ernährung einfach ist.

    b dass es nicht gesund ist, sich vegan zu ernähren.

    c dass alle veganen Gerichte gesund sind.

7 Je länger die Zutatenliste eines Produkts ist, desto

    a mehr Kalorien hat das Produkt.

    b ungesünder ist das Produkt.

    c besser schmeckt das Produkt.

8 Damit Fastfood auch lecker schmeckt,

    a enthält es viel Fett, Salz und Geschmacksverstärker.

    b muss es frisch zubereitet sein.

    c braucht man viel Fleisch und Fisch.

9 Vegane Burger enthalten normalerweise

    a genauso viel Eiweiß wie ein normaler Burger.

    b wenig Eiweiß und kaum Vitamine, aber viele Kalorien.

    c mehr Eiweiß und Vitamine als ein normaler Burger.

10 Vegane Fleischalternativen sollte man

    a höchstens ein- bis zweimal in der Woche essen.

    b als Veganer jeden Tag mindestens zweimal essen.

    c als Fleischesser auf gar keinen Fall essen.

Leseverstehen Teil 3

Lesen Sie die Situationen 11–20 und die Anzeigen a–l. Finden Sie für jede Situation die passende Anzeige. Sie können jede Anzeige nur einmal benutzen.

Markieren Sie Ihre Lösungen für die Aufgaben 11–20 auf dem Antwortbogen.

Wenn Sie zu einer Situation keine Anzeige finden, markieren Sie ein x.

11 Sie suchen eine/n neue/n Mitarbeiter/in für den Kundenservice Ihrer Firma.

12 Sie haben die Schule abgeschlossen und möchten sich über Studiengänge informieren.

13 Sie malen gerne und suchen einen passenden Kurs.

14 Sie spielen gerne Brettspiele, aber sie haben niemanden zum Spielen. Sie suchen eine Gruppe, die sich regelmäßig trifft.

15 Sie haben alte Möbel im Keller gefunden und möchten sie loswerden.

16 Ihrer Tochter ist langweilig in der Schule. Sie suchen extra Unterricht für sie.

17 Sie möchten sich scheiden lassen. Sie brauchen rechtliche Unterstützung.

18 Sie möchten eine Skitour mit Ihrem Partner machen. Sie suchen Ausrüstung.

19 Ihre Mitbewohnerin sucht eine Teilzeitstelle in einem Büro.

20 Sie möchten mit dem Rauchen aufhören.

a

Im
Winterparadis
finden Sie alles für Ihren Winterurlaub. Von Ski, Snowboard, Schlitten bis hin zur Tourenausrüstung.

Jetzt Winterschlussverkauf!!

www.winterparadis.com

b

Die
Zukunftsmesse
findet vom 02.05.- 04.05.

im Hauptgebäude der Uni Wien statt. Finden Sie das Studium, das zu Ihrer Zukunft passt.

Vertreter von allen Studienrichtungen und studentischen Vereinen vor Ort.

Öffnungszeiten: 10 - 19 Uhr

c

„Du bist so gut geworden!"

, wird es bald von allen Seiten heißen. Bei uns lernt ihr nicht nur Mathe, Deutsch und Englisch, wir bringen euch auch **Lernen und Logik** bei.

Private Nachhilfe ab 20 €/Std.

d

Ende gut, alles gut!

Spezialisiert auf außergerichtliche Einigungen.

Dr. Frank Schmidt
Scheidungs- und Familienanwalt

www.kanzleischmidt.de

e

Wir helfen Ihnen auf dem Weg in Ihr neues Leben!

Gesund und frei sind die Stichwörter für unseren neuen Kurs. Neben dem Rauchen bekämpfen wir auch unkontrolliertes Essen und übermäßigen Konsum.

ab 25.04., 2x die Woche á 2 Stunden, 8 Wochen
Anmeldung und weitere Infos unter
www.gesundelunge.de

f

„Künstlerische Freiheit"

ist das Motto für unseren Kunstkurs. Ob Sie malen, zeichnen oder schreiben, in unserem Kurs lernen Sie das auszudrücken, was Sie wollen, wie Sie wollen. Das Thema geben wir vor, der Rest ist Ihre „künstlerische Freiheit".

g

Am 29.06. beginnt die
Spielemesse Brandenburg
Testen Sie die neuesten Spiele mit Familie und Freunden.
Kartenspiele, Brettspiele, Gesellschaftsspiele und vieles mehr!
Infos und Tickets ab sofort erhältlich!

www.spielemesse.de

h

Dringend gesucht:
Büroaushilfe
für 20 Std/Woche
bei Interesse: *0660 123 1862*

i

Engagierte Verkaufskraft

mit Erfahrung in online Marketing und Sales sucht neue Anstellung im selben Bereich. Abgeschlossenes Studium in Kommunikation und Medien. Beherrscht Deutsch, Englisch und Spanisch. Flexibel, teamfähig und belastbar

maierlena@mail.de

j

Für eine reine Lunge brauchen Sie keine großen Geräte. Unser Frischluftwunder heilt selbst eine Raucherlunge!

Bestellen Sie jetzt:
www.frischluftwunder.de

k

Ganz groß

werden unsere Schützlinge einmal. Mit unseren Kursen bereiten wir Kinder und Jugendliche auf den Weg zum Erfolg vor. Einstiegstest, Kursvergabe nach Niveau, Informationen und Anmeldegebühren unter

www.hochbegabung.org

l

Bequem entrümpeln!
- Weg mit den alten Möbeln und antiken Geräten.
- Einfach 0800 123 123 anrufen und Möbel abholen lassen.

Sprachbausteine Teil 1

Lesen Sie den Text und schließen Sie die Lücken 21–30. Welche Lösung (a, b oder c) ist jeweils richtig?
Markieren Sie Ihre Lösungen für die Aufgaben 21–30 auf dem Antwortbogen.

Liebe Leserinnen, liebe Leser,

__21__ ihr wisst, gibt es diesen Blog schon eine ganze Weile. Heute ist ein __22__ besonderer Tag, denn heute wird unser Blog 10 Jahre __23__. Ich kann es gar nicht glauben.

Ich kann mich noch genau erinnern, wie __24__ angefangen hat. Meinen ersten Text habe ich im Studentenwohnheim im Flur __25__, weil meine Mitbewohnerin so laut geschnarcht hatte, __26__ ich nicht schlafen konnte. Am Anfang war mir mein Blog ein wenig peinlich und ich habe niemandem __27__ erzählt. Erst als ich die ersten positiven Kommentare von euch bekommen habe, habe ich meiner __28__ Freundin davon erzählt. Und nun 10 Jahre __29__ sitze ich in meiner eigenen Wohnung im Flur und schreibe wieder einen Eintrag. Nicht weil mein Mann laut schnarcht, sondern weil ich mich gerne an die Zeit erinnere, in der es nur mich und meinen Computer gab. Und euch __30__. Ich danke euch für all die lieben Kommentare und eure Unterstützung während der letzten 10 Jahre.

Auf weitere 10! Bis Bald!

Eure Lena

21	a was	24	a etwas	27	a davon	30	a klar
	b wie		b vieles		b von		b selbstverständlich
	c wer		c alles		c daran		c natürlich

22	a ganz	25	a geschreibt	28	a beste
	b viel		b geschrieben		b besten
	c einiger		c geschreiben		c bester

23	a alt	26	a dass	29	a nachher
	b sein		b darum		b nachfolgend
	c werden		c weil		c später

Sprachbausteine Teil 2

Lesen Sie den Text und schließen Sie die Lücken 31–40. Benutzen Sie die Wörter a–o.
Jedes Wort passt nur einmal.
Markieren Sie Ihre Lösungen für die Aufgaben 31–40 auf dem Antwortbogen.

> **Fit in den Sommer!**
>
> Das Abnehmprogramm für Ihre Sommerfigur!
> Persönlicher Ernährungs- und Trainingsplan.
>
> Tägliches Coaching mit deinem Personal Trainer
> und deinem Ernährungscoach
> Für nur EUR 299,- im Monat
>
> Bei Fragen schreiben Sie bitte an
> fitsommer@email.com

Sehr geehrte Damen und Herren,

ich habe Ihre Anzeige __31__ Ihr Abnehmprogramm gelesen und habe noch einige Fragen. Zuerst möchte ich wissen, __32__ Sie Belege für die Wirksamkeit Ihres Programms haben. Ich interessiere mich nicht für Erfolgsgeschichten, __33__ für wissenschaftliche Beweise. Zudem möchte ich wissen, ob das Coaching online __34__ persönlich stattfindet und __35__ lange die Coaching-Einheiten sind. Ich möchte auch wissen, __36__ Informationen Sie für die Erstellung __37__ Trainings- und Ernährungsplans benötigen.

Braucht __38__ für das Trainingsprogramm Zugang zu __39__ Fitnesscenter? Gibt es auch Sportgruppen, die gemeinsam trainieren? Ich habe immer Probleme solche Programme alleine durchzuhalten. Deshalb würde ich mich freuen, __40__ Sie mir eine/n Teilnehmer/in in meiner Nähe vorstellen könnten, mit dem/der ich das Programm gemeinsam machen kann.

Vielen Dank im Voraus!

Freundliche Grüße
Heike Feldherr

a MEINES	d AUCH	g EINEN	j SONDERN	m EINEM
b OB	e MEINER	h FÜR	k WELCHE	n WELCHEN
c MAN	f WIE	i WENN	l WANN	o ODER

Hörverstehen Teil 1

 듣기 시험 음성 QR
재생시간은 듣기시험 전체 재생시간과 동일하며, 중단 없이 들으면서 동시에 문제를 풀어야 합니다.

Sie hören nun fünf kurze Texte. Dazu sollen Sie fünf Aufgaben lösen.

Sie hören diese Texte nur einmal.

Entscheiden Sie beim Hören, ob die Aussagen 41-45 richtig oder falsch sind. Markieren Sie Ihre Lösungen auf dem Antwortbogen bei den Aufgaben 41-45. Markieren Sie PLUS (+) gleich richtig und MINUS (−) gleich falsch auf dem Antwortbogen.

Lesen Sie jetzt die Aufgaben 41-45. Sie haben dazu 30 Sekunden Zeit.

41 Der Sprecher möchte eine Eigentumswohnung kaufen, wenn er genug Geld hat.

42 Die Sprecherin möchte eine Wohnung im Ausland kaufen.

43 Der Sprecher denkt, eine Mietwohnung ist Geldverschwendung.

44 Die Sprecherin möchte unbedingt eine eigene Wohnung kaufen.

45 Die Sprecherin hat ihre Meinung geändert.

Hörverstehen Teil 2

Sie hören nun ein Gespräch. Dazu sollen Sie zehn Aufgaben lösen.

Sie hören das Gespräch zweimal.

Entscheiden Sie beim Hören, ob die Aussagen 46-55 richtig oder falsch sind. Markieren Sie Ihre Lösungen auf dem Antwortbogen bei den Aufgaben 46-55. Markieren Sie PLUS (+) gleich richtig und MINUS (−) gleich falsch auf dem Antwortbogen.

Lesen Sie jetzt die Aufgaben 46-55. Sie haben dazu eine Minute Zeit.

46   Dr. Brunner meint, die Erderwärmung beginnt nun langsam.

47   Menschen sollten sich um Tiere und Pflanzen sorgen, weil sie ihre Nahrung sind.

48   Es sterben immer weniger Menschen an Hitze und Kälte.

49   In Deutschland gibt es sehr viele Opfer aufgrund des Klimawandels.

50   Man bekommt einen Preis, wenn man den Klimawandel stoppen kann.

51   Dr. Brunner denkt, dass man den Klimawandel nicht aufhalten kann.

52   Laut Dr. Brunner müssen wir viele Bäume pflanzen.

53   Der Mensch muss die Natur wiederaufbauen.

54   Dr. Brunner sagt, dass wir weniger Energie verwenden müssen.

55   Er schlägt eine pflanzliche Ernährung vor.

Hörverstehen Teil 3

Sie hören nun fünf kurze Texte. Dazu sollen Sie fünf Aufgaben lösen. Sie hören jeden Text zweimal.
Entscheiden Sie beim Hören, ob die Aussagen 56-60 richtig oder falsch sind.
Markieren Sie Ihre Lösungen für die Aufgaben 56-60 auf dem Antwortbogen.
Markieren Sie PLUS (+) gleich richtig und MINUS (−) gleich falsch.

56 Das gesamte Krankenhaus ist rund um die Uhr geöffnet.

57 Am Wochenende ist es durchgehend sonnig.

58 Man darf nur im Speisewagen essen und trinken.

59 Die Gruppe wartet bei der Bushaltestelle in der Nähe des Zoos.

60 Die Wetterstation im Norden Kanadas wurde wieder in Betrieb genommen.

Schriftlicher Ausdruck

Sie haben von einem Freund folgende E-Mail erhalten:

Liebe/r _____

entschuldige, dass ich mich solange nicht bei dir gemeldet habe, aber hier geht einfach alles drunter und drüber.

Seit meine Tochter laufen kann, hält sie gar nicht mehr still. Egal ob wir im Park oder im Restaurant sind, sie steht immer sofort auf und läuft herum. Ich muss ihr dann immer nachlaufen. Das macht mich ganz müde, deshalb gehe ich meistens mit ihr ins Bett, obwohl ich noch viel zu tun habe. Meine Frau fragt dann immer, wieso ich nichts erledigt habe.

Waren deine Kinder auch so aktiv? Wie hast du das gemeistert?

Lass von dir hören!
Roberto

Antworten Sie auf die E-Mail. Schreiben Sie etwas zu allen vier Punkten:

- dass Sie Verständnis für Ihren Freund haben
- welchen Rat Sie für Ihren Freund haben
- wie Sie Ihre Situation gemeistert haben
- wie Ihre Kinder jetzt sind

Überlegen Sie sich vor dem Schreiben eine passende Reihenfolge der Punkte, einen passenden Betreff, eine passende Anrede, Einleitung und einen passenden Schluss.

Mündlicher Ausdruck

Teilnehmer/in A und B

Teil 1 Einander kennenlernen

Unterhalten Sie sich mit Ihrer Partnerin bzw. Ihrem Partner über folgende Themen:

Wie sie/er heißt

Woher sie/er kommt

Wie sie/er wohnt (Wohnung, Haus, Garten …)

Wie sie/er Deutsch gelernt hat

Sprachen (welche? warum? wie gut?)

Was sie/er macht (Freizeit, Hobbys …)

Ob sie/er schon im Ausland war

Die Prüfenden können außerdem noch weitere Fragen stellen.

Teilnehmer/in A

Teil 2 Über ein Thema sprechen

Sie haben in einer Zeitschrift etwas zum Thema „Zuhause arbeiten" gelesen. Berichten Sie Ihrer Gesprächspartnerin/Ihrem Gesprächspartner darüber.

Ihre Gesprächspartnerin/Ihr Gesprächspartner hat eine andere Meinung dazu gelesen und berichtet Ihnen auch darüber.

Unterhalten Sie sich dann mit Ihrer Gesprächspartnerin/Ihrem Gesprächspartner über das Thema. Sagen Sie Ihre Meinung und erzählen Sie von eigenen Erfahrungen.

Zuhause arbeiten

„Ich arbeite schon lange von zu Hause aus. Kurz habe ich einmal in einem Büro gearbeitet, das war gar nichts für mich. Ich bin lieber in meinen eigenen vier Wänden und arbeite ungestört. Da kann ich mich besser konzentrieren."

Markus Zimmermann, 29 Jahre, Freelancer

Teilnehmer/in B

Teil 2 Über ein Thema sprechen

Sie haben in einer Zeitschrift etwas zum Thema „Zuhause arbeiten" gelesen. Berichten Sie Ihrer Gesprächspartnerin/Ihrem Gesprächspartner darüber.

Ihre Gesprächspartnerin/Ihr Gesprächspartner hat eine andere Meinung dazu gelesen und berichtet Ihnen auch darüber.

Unterhalten Sie sich dann mit Ihrer Gesprächspartnerin/Ihrem Gesprächspartner über das Thema. Sagen Sie Ihre Meinung und erzählen Sie von eigenen Erfahrungen.

Zuhause arbeiten

„Also, ich brauche das Büro. Zuhause kann ich mich nicht konzentrieren. Ich treffe auch sehr gerne Menschen. Wenn ich mit meinen Kollegen in der Mittagspause nicht quatschen kann, dann fehlt einfach etwas. Und das kleine Café neben dem Büro würde ich auch vermissen."

Hannah Vogel, 26 Jahre, Finanzberaterin

Teilnehmer/in A und B

Teil 3 Gemeinsam etwas planen

Sie haben nächste Woche eine Deutschprüfung. Alleine haben Sie schon viel gelernt, aber Sie brauchen einen Übungspartner/eine Übungspartnerin. Sie möchten sich gemeinsam mit Ihrem Partner/Ihrer Partnerin auf die Prüfung vorbereiten.

Überlegen Sie sich, was alles zu tun ist und wer welche Aufgaben übernimmt. Sie haben sich schon diese Liste gemacht.

- Wann?
- Wie lange?
- Wo?
- Was vorbereiten?
- Mit welchen Materialien?
- ...

Entscheiden Sie zuerst, was Sie machen möchten und warum.

Tragen Sie Ihrem/Ihrer Partner/in Ihre Ideen vor und begründen Sie sie.

Reagieren Sie auf die Ideen Ihres Partners bzw. Ihrer Partnerin und die Begründungen.

Einigen Sie sich auf einen gemeinsamen Programmvorschlag.

Modelltest 3

듣기 시험 음성 QR코드는 첫 번째 듣기 문제 시작 부분에 있습니다.

Leseverstehen Teil 1

Lesen Sie die Überschriften a–j und die Texte 1–5. Finden Sie für jeden Text die passende Überschrift.
Sie können jede Überschrift nur einmal benutzen.
Markieren Sie Ihre Lösungen für die Aufgaben 1–5 auf dem Antwortbogen.

a   *Diese Technik hilft bei Konzentrationsschwäche*

b   Der typische CEO und seine Eigenschaften

c   Vitamin D produziert mehr Melanin

d   *Neue Studie zeigt: Tomaten fördern die Konzentration*

e   **„Liebe in Zeiten des Hasses", ein Bestseller aus der Vergangenheit**

f   Stresstoleranz und mehr Nährstoffe durch Pflanzenzüchtung

g   **„Aufstieg leicht gemacht" hilft Ihnen auf dem Weg zum CEO**

h   Lassen Sie sich von „Liebe in Zeiten des Hasses" in die 30er zurückversetzen

i   Vitamin D – morgens oder abends?

j   **Resistente Tomaten gegen den Klimawandel**

1

„Liebe in Zeiten des Hasses" heißt der neue Bestseller von Florian Illies. Durch die Augen der größten Liebespaare der Epoche zeigt uns Illies die 30er Jahre aus einem neuen Blickwinkel. Obwohl die Geschichte in den 30ern stattfindet, sind die Parallelen zu unserem Zeitalter nicht zu übersehen. Die Gesellschaft radikalisiert sich. Der Kampf für die Freiheit trifft auf spießige Unverständlichkeit. Und all dies geschieht im Hintergrund verschiedenster Liebschaften.

2

Vitamin D ist bekanntlich das Sonnenvitamin. In den letzten Jahren ist die Zeit, die wir zuhause verbringen, angestiegen. Daher greifen immer mehr Menschen zu Vitamin-D-Tabletten. Doch wann sollten diese Tabletten eingenommen werden? Eine neue Studie zeigt, dass Vitamin D mit der Melanin-Produktion interagieren kann. Daher empfehlen Forscher Vitamin D mit dem Sonnenaufgang einzunehmen.

3

Sie wollten schon immer Chef werden? Diese Eigenschaften hat der durchschnittliche CEO in Deutschland: Er ist männlich und im Durchschnitt 56 Jahre alt. Er arbeitet dort, wo er geboren wurde. Er hat einen Universitätsabschluss. In Deutschland arbeiten die CEOs im Schnitt 12 Jahre für das Unternehmen, dem sie später durchschnittlich 7 Jahre vorstehen. Sind Sie auf dem richtigen Weg? Mehr Tipps und Tricks erfahren Sie in unserem Katalog „Aufstieg leicht gemacht"

4

Eine neue Studie zeigt, dass Tomaten positiv auf Carotinoide aus anderen Pflanzen reagieren. Sie steigern die Stresstoleranz, den Ertrag und den Nährstoffgehalt. Früher konzentrierte sich die Pflanzenzüchtung ausschließlich auf mehr Ertrag. Durch den Klimawandel sind hartnäckige Pflanzen immer wertvoller.

5

Kennen Sie die Pomodoro-Technik? Nein, es ist keine Tomatensoße, hat aber mit einer Tomaten-Küchenuhr zu tun. Die Pomodoro-Technik hilft konzentriert zu bleiben. Stellen Sie einen Wecker auf 25 Minuten. In diesen 25 Minuten konzentrieren Sie sich nur auf eine Aufgabe. Danach gibt es 5 Minuten Pause. Dann wird das Ganze bis zu vier Mal wiederholt. Versuchen Sie es. Das Ergebnis wird Sie beeindrucken!

Leseverstehen Teil 2

Lesen Sie den Text und die Aufgaben 6–10. Welche Lösung (a, b oder c) ist jeweils richtig?
Markieren Sie Ihre Lösungen für die Aufgaben 6–10 auf dem Antwortbogen.

Das Homeoffice bleibt!

Zumindest wird das von vielen Arbeitnehmerinnen und Arbeitnehmern gewünscht. Nach der Homeoffice-Pflicht während der Pandemie haben sich viele an das Homeoffice gewöhnt und würden gerne weiterhin von zuhause aus arbeiten.

Dies zeigt eine aktuelle Umfrage. Ein Viertel der Arbeitnehmerinnen und Arbeitnehmer möchte auch nach der COVID-19-Pandemie die volle Flexibilität des Homeoffice ausnutzen. Zudem möchten weitere 50 % eine Hybridlösung aus 2-3 Tagen im Homeoffice und dem Rest im Büro. Doch die Unternehmen bieten nur ungern so viel Flexibilität. Rund 60 % der Unternehmen könnten sich vorstellen, dass Mitarbeiter 1-2 Tage im Homeoffice arbeiten können, aber mehr als die Hälfte der Arbeitszeit im Homeoffice zu verbringen, erlaubt nur ein Viertel.

Studien zeigen allerdings, dass Unternehmen in Zukunft flexibler sein müssen. Zu wenige Fachkräfte sind ein wichtiger Grund dafür. Zudem bietet hybrides Arbeiten viele Vorteile. So wird nicht nur die Produktivität gesteigert, sondern auch die Zufriedenheit der Mitarbeiter steigt durch die Flexibilität. Zusätzlich können Bürokosten gespart werden. Wenn nicht mehr alle Arbeitnehmerinnen und Arbeitnehmer täglich ins Büro kommen, benötigt man keine großen Büroräume mehr.

Allerdings darf man die Nachteile des hybriden Modells nicht außer Acht lassen. So ist es schwirig zu garantieren, dass der Arbeitsplatz zuhause den Anforderungen der Arbeit entspricht. Zudem muss man sich Gedanken darüber machen, wie das neue Büro aussehen soll. Wechseln sich die Arbeiter an den Schreibtischen einfach ab? Holt man die Arbeiter nur für Meetings und kreative Arbeit ins Büro? Zu guter Letzt darf auch die Gesundheit der Arbeiter nicht außer Acht gelassen werden, da gesunde Menschen bessere Arbeit leisten. Im Homeoffice hat man weniger soziale Kontakte und man bewegt sich im Durchschnitt weniger. All diese Dinge schaden der Gesundheit. Auch hierzu muss sich der Arbeitgeber Gedanken machen und eine Strategie entwickeln, um eine Isolierung der Arbeitnehmerinnen und Arbeitnehmer zu vermeiden.

6 Die Homeoffice-Pflicht der Pandemie

    a bleibt weiterhin bestehen.

    b war schrecklich für Arbeitnehmerinnen und Arbeitnehmer.

    c ist der Grund für verstärkte Nachfragen nach Homeoffice.

7 75 % der Arbeitnehmerinnen und Arbeitnehmer möchten

    a zumindest teilweise im Homeoffice arbeiten.

    b 1-2 Tage in der Woche zuhause arbeiten.

    c nicht mehr im Büro arbeiten.

8 Ein hybrides Arbeitsmodell bringt

    a kaum Vorteile für Unternehmen.

    b mehr Zufriedenheit und Produktivität der Arbeitnehmerinnen und Arbeitnehmer.

    c höhere Bürokosten und mehr Produktivität.

9 Im Homeoffice passiert es sehr schnell, dass

    a man einsam wird und sich weniger bewegt als im Büro.

    b man von anderen Dingen abgelenkt wird.

    c man unwissend lange Überstunden macht und sehr gestresst ist.

10 Die Gesundheit der Arbeitnehmerinnen und Arbeitnehmer

    a ist für das Unternehmen nicht von Bedeutung.

    b ist die Aufgabe von Arbeitnehmerinnen und Arbeitnehmern.

    c ist wichtig für das Wohl des Unternehmens.

Leseverstehen Teil 3

Lesen Sie die Situationen 11–20 und die Anzeigen a–l. Finden Sie für jede Situation die passende Anzeige. Sie können jede Anzeige nur einmal benutzen.

Markieren Sie Ihre Lösungen für die Aufgaben 11–20 auf dem Antwortbogen.

Wenn Sie zu einer Situation keine Anzeige finden, markieren Sie ein x.

11 Sie sind neu in der Stadt und suchen Freunde. Sie interessieren sich für Fußball.

12 Ihr Bruder kommt zu Besuch. Er möchte ein klassisches Konzert besuchen.

13 Sie haben als Kind Klavier gespielt und nun möchten Sie gerne wieder üben.

14 Sie möchten am Wochenende einen Ausflug mit Ihrer Freundin aus dem Sprachkurs machen. Sie haben kein Auto.

15 Sie suchen ein passendes Sommercamp für Ihre Kinder. Ihre Kinder sind gerne in der Natur.

16 Sie möchten mit Ihrem Partner etwas Besonderes in Deutschland erleben. Es darf insgesamt nicht mehr als 120 € kosten.

17 Sie möchten sich auf die Deutschprüfung vorbereiten und suchen Privatunterricht.

18 Ihr Computer ist kaputt. Sie müssen ihn reparieren lassen.

19 Sie möchten sich am Wochenende am liebsten alleine so richtig gut entspannen.

20 Es sind bald Sommerferien. Sie suchen eine kurze Urlaubsreise ans Meer.

a

Englisch-Sommer-Camp
★ ★ ★

Nach einer Woche in unserem Sprachcamp sprechen Ihre Kinder bestimmt besser Englisch.
Tgl. 4 Stunden Unterricht, Spiele und Betreuung in den Sporthallen, gesunde Verpflegung!

300 € pro Woche

b

Von Geklimper zu Klängen!

Besuchen Sie unsere Klavierstunden für Erwachsene. Anfänger sind willkommen. Selbstständiges Üben möglich.

Tel: 079 507 89 99

c

1, 2, 3, Sorgen vorbei!

Reparatur von allen Elektrogeräten. Von Handys über Fernseher bis zu Waschmaschinen.
Alles im Handumdrehen!

Preise und Konditionen auf www.sorgenvorbei.de

d

Kicker-Club

Sie lieben es, wenn 22 Leute einem Ball nachlaufen? Wir auch!
Bei uns dreht sich alles um den Ball! Wir spielen kurze Runden und sprechen über alles, was das Leder betrifft!

Jeden Donnerstag: ab 18 Uhr, Kneipe Heimspiel

e

Was würden Sie in die Wildnis mitnehmen?

Wir verraten Ihnen in einer Woche alles, was Sie zum Überleben in der Wildnis brauchen. Und keine Sorge: Sie dürfen im Zelt übernachten und wir sorgen für Ihre Ernährung.

Erwachsenenkurse: 8.8. - 19.8.
Kinder- und Jugendkurse: 22.8 - 2.9.

f

Sind Sie bereit für Ihren ***Bungeesprung?***

Kommen Sie zu uns in die Freifall-Schule und bringen Sie am besten noch jemanden mit. Diese Freude muss man teilen. Wir helfen Ihnen dabei mit günstigen Angeboten!

1. Sprung: 1 P.: 70 €, 2 P.: 125 €
2. Sprung: 1 P.: 50 €, 2 P.: 90 €

g

Miturlauber gesucht!

Wir sind eine Gruppe Studenten und wir haben ein Haus am Meer gemietet, um diesen Sommer so richtig zu genießen! Zum Glück sind uns 2 Freunde abgesprungen und haben Platz für Dich gemacht! Kosten für die Unterkunft werden geteilt!

Melde Dich unter:
miturlauber@mail.de

h

Musik für Ihre Ohren!

Wir verwöhnen Sie mit den Klängen von Vivaldi und co.

Sa. 18:30 Uhr
Tickets online erhältlich.
www.musikfürdieohren.de

i

Bereit für Deutsch!

Kleingruppen, Privatunterricht, Zertifikatsvorbereitung uvm.
Einstieg jederzeit möglich

Tel.: 0712 553622

j

Darf's a bisserl mehr Romantik sein?

Lassen Sie sich von uns im besten Spa Österreichs zu den sanften Klängen der Donau verwöhnen.

Romantik für 2 Personen: inkl. Massage, Welcome-Drink und Zugang zum Wellnessbereich
nur € 60,- p.P.

k

Dieses Wochenende gehört dir alleine!
Entspann Dich in unseren Schlafkapseln und genieße anschließend eine Tiefenmassage und den ein oder anderen Snack oder Drink von unserer gesunden Bar.

Alle Infos unter:
www.meintag.com

l

www.stadtwanderwege.at

Sie wollen raus aus der Stadt, haben aber kein Auto?

Kein Problem. Alle Stadtwanderwege sind mit den öffentlichen Verkehrsmitteln zu erreichen.

Alle Informationen zu den Wegen finden Sie auf der Homepage!

Sprachbausteine Teil 1

Lesen Sie den Text und schließen Sie die Lücken 21–30. Welche Lösung (a, b oder c) ist jeweils richtig? Markieren Sie Ihre Lösungen für die Aufgaben 21–30 auf dem Antwortbogen.

Lieber Christian,

es tut mir leid, dass ich mich so lange nicht gemeldet ___21___. Ich habe dir so viel zu erzählen. Du kannst ___22___ gar nicht vorstellen, was alles in den letzten Monaten passiert ist. Hier erst mal eine Kurzfassung.

Ich bin in die USA geflogen und habe nach ___23___ 3 Wochen einen Job gefunden. 3 Wochen muss ___24___ Rekord sein. Die Firma ist super und alle sind unglaublich nett.

Schon in der ersten Woche bin ich ___25___ meinen Kollegen ausgegangen. Dort habe ich jemanden aus meinem Heimatdorf getroffen! Nicht einmal in Berlin passierte das und hier Tausende Kilometer weit weg steht ___26___ plötzlich der Nachbar meiner Großeltern gegenüber. Ich war ganz baff.

Wir treffen uns ___27___ regelmäßig. Es ist toll, manchmal Deutsch sprechen zu ___28___. Er kennt sich ___29___ super aus. Wir treffen uns auch gleich, deshalb muss ich jetzt los!

Apropos treffen! Ich bin in 2 Wochen auf einer Geschäftsreise in Berlin! Ich hoffe, wir können ___30___ treffen!

Viele Grüße
Maxi

21
a haben
b bin
c habe

22
a es
b dir
c das

23
a lange
b nur
c schon

24
a der
b ein
c kein

25
a mit
b für
c bei

26
a mich
b mein
c mir

27
a nun
b gleich
c sofort

28
a dürfen
b müssen
c können

29
a dort
b hier
c alles

30
a uns
b dich
c sich

Sprachbausteine Teil 2

Lesen Sie den Text und schließen Sie die Lücken 31–40. Benutzen Sie die Wörter a–o.

Jedes Wort passt nur einmal.

Markieren Sie Ihre Lösungen für die Aufgaben 31–40 auf dem Antwortbogen.

Urlaub auf dem Landgut Oberhof

Schmale Gassen, kleine Dörfer, lebendiges Ferienleben oder vertraute Einsamkeit an der Ostsee. Unser Gut liegt verträumt zwischen den Hansestädten Lübeck und Wismar. Reiten Sie durch die Landschaft mit unseren Pferden oder genießen Sie einen Tag in der nahegelegenen Stadt. Bei uns ist gewiss etwas für die ganze Familie dabei.

Ferienwohnungen und Doppelzimmer

Pferde und Landwirtschaft

Grillmöglichkeit, WLAN, Sauna, Spielplatz uvm.

Sehr geehrte Damen und Herren,

ich würde __31__ diesen Sommer mit meiner Familie einen Urlaub __32__ dem Bauernhof machen. Ich und meine Frau __33__ die Natur. Unsere zwei Kinder müssen sich erst etwas __34__ anfreunden. Deshalb wollte ich nachfragen, __35__ es auch möglich wäre, dass die Kinder etwas über die Landwirtschaft und die Pferde lernen. Unsere ältere Tochter (12) möchte auch gerne reiten lernen. Bieten __36__ auch Reitkurse an?

Falls es uns doch __37__ in die Stadt zieht, wie weit sind die Städte entfernt? Gibt es auch einen Supermarkt in der Nähe des Guts? Sie schreiben __38__ Grillmöglichkeiten. Um welche Art von Grill handelt es sich denn?

Außerdem interessiert mich noch, ob es auch geführte Gruppenausflüge __39__ Ähnliches gibt. Zum Schluss möchte ich noch wissen, wie viel eine Ferienwohnung __40__ 4 Personen für eine Woche kostet.

Ich freue mich auf Ihre Rückmeldung.

Mit freundlichen Grüßen

Hans Struber

a	DU	d	DAMIT	g	LIEBEN	j	ODER	m	AUF
b	IM	e	OB	h	FÜR	k	GERNE	n	WIE
c	VON	f	MAG	i	MAL	l	DAFÜR	o	SIE

Hörverstehen Teil 1

듣기 시험 음성 QR
재생시간은 듣기시험 전체 재생시간과 동일하며, 중단 없이 들으면서 동시에 문제를 풀어야 합니다.

Sie hören nun fünf kurze Texte. Dazu sollen Sie fünf Aufgaben lösen.

Sie hören diese Texte nur einmal.

Entscheiden Sie beim Hören, ob die Aussagen 41-45 richtig oder falsch sind. Markieren Sie Ihre Lösungen auf dem Antwortbogen bei den Aufgaben 41-45. Markieren Sie PLUS (+) gleich richtig und MINUS (−) gleich falsch auf dem Antwortbogen.

Lesen Sie jetzt die Aufgaben 41-45. Sie haben dazu 30 Sekunden Zeit.

41 Der Sprecher fliegt das erste Mal ins Ausland.

42 Die Sprecherin weiß noch nicht, ob sie in den Urlaub fährt.

43 Die Sprecherin macht dieses Jahr Urlaub bei ihren Kindern.

44 Die Sprecherin weiß noch nicht, wohin sie in den Urlaub fährt.

45 Der Sprecher wird dieses Jahr alleine in den Urlaub fahren.

Hörverstehen Teil 2

Sie hören nun ein Gespräch. Dazu sollen Sie zehn Aufgaben lösen.

Sie hören das Gespräch zweimal.

Entscheiden Sie beim Hören, ob die Aussagen 46-55 richtig oder falsch sind. Markieren Sie Ihre Lösungen auf dem Antwortbogen bei den Aufgaben 46-55. Markieren Sie PLUS (+) gleich richtig und MINUS (−) gleich falsch auf dem Antwortbogen.

Lesen Sie jetzt die Aufgaben 46-55. Sie haben dazu eine Minute Zeit.

46   Hanna Brandt ist professionelle Schlafforscherin.

47   Hanna hat keine Ausbildung für ihren Beruf gemacht.

48   Hanna hat in ihrem Leben an etwa 20 Schlafstudien teilgenommen.

49   Hanna schläft viel besser als der Durchschnitt.

50   Hanna schläft auf jedem Möbelstück genau einen Monat lang.

51   Sie gibt die Möbelstücke normalerweise nach dem Testen wieder zurück.

52   Sie bekommt inzwischen fast alle Aufträge durch ihre Homepage.

53   Sie muss für ihre Arbeit nur schlafen. Die Daten gehen automatisch an die Firmen.

54   Die meisten Firmen haben zwischen 10 und 200 Testpersonen.

55   Ihre schlimmste Erfahrung war mit einem Esszimmerstuhl.

Hörverstehen Teil 3

Sie hören nun fünf kurze Texte. Dazu sollen Sie fünf Aufgaben lösen. Sie hören jeden Text zweimal.
Entscheiden Sie beim Hören, ob die Aussagen 56-60 richtig oder falsch sind.
Markieren Sie Ihre Lösungen für die Aufgaben 56-60 auf dem Antwortbogen.
Markieren Sie PLUS (+) gleich richtig und MINUS (–) gleich falsch.

56   Man kann anrufen oder Fragen per E-Mail senden.

57   Man kann 100 Tafeln Schokolade gewinnen, wenn man an einer Umfrage teilnimmt.

58   Sonntags hat dieses Kino nie geöffnet.

59   Heute gibt es besonders günstigen Käse.

60   Die Arztpraxis von Dr. Huber liegt in der Brunnenstraße.

Schriftlicher Ausdruck

Sie haben von Ihrem Professor folgende E-Mail erhalten:

Liebe/r Frau/Herr … ,

ich habe Ihre E-Mail erhalten. Ich verstehe natürlich, dass es schwierig ist, eine Arbeit in einer Fremdsprache zu schreiben. Dennoch müssen Sie die Arbeit abgeben. Wie Sie mich gebeten haben, gebe ich Ihnen eine Woche länger Zeit, aber länger kann ich nicht auf die Arbeit warten.

Ich erwarte die Arbeit bis nächsten Freitag in meinem Posteingang. Wenn Sie bis dahin die Arbeit nicht abgegeben haben, dann muss ich Ihnen leider ein Ungenügend eintragen.

Falls Sie Hilfe bei der Arbeit brauchen, können Sie sich gerne an meine Assistentin wenden. Ich habe schon mit ihr gesprochen und sie ist bereit, Ihnen ein wenig unter die Arme zu greifen.

Beste Grüße

Martin Eggersmann

Antworten Sie auf die E-Mail. Schreiben Sie etwas zu allen vier Punkten:

- was Sie von der Fristverlängerung halten
- dass Sie die Situation des Professors verstehen
- wie weit Sie schon mit der Arbeit sind
- fragen Sie, wie die Kontaktdaten der Assistentin lauten

Überlegen Sie sich vor dem Schreiben eine passende Reihenfolge der Punkte, einen passenden Betreff, eine passende Anrede, Einleitung und einen passenden Schluss.

Mündlicher Ausdruck

Teilnehmer/in A und B

Teil 1 Einander kennenlernen

Unterhalten Sie sich mit Ihrer Partnerin bzw. Ihrem Partner über folgende Themen:

Name

Herkunft

Wo sie/er wohnt

Was sie/er arbeitet/studiert

Wie sie/er Deutsch gelernt hat

Was sie/er macht (Hobby, Freizeit…)

Sprachen (welche? warum? wie gut?)

Die Prüfenden können außerdem noch weitere Fragen stellen.

Teilnehmer/in A

Teil 2 Über ein Thema sprechen

Sie haben in einer Zeitschrift etwas zum Thema „Berufswünsche von Jugendlichen" gelesen. Berichten Sie Ihrer Gesprächspartnerin/Ihrem Gesprächspartner darüber.

Ihre Gesprächspartnerin/Ihr Gesprächspartner hat eine andere Meinung dazu gelesen und berichtet Ihnen auch darüber.

Unterhalten Sie sich dann mit Ihrer Gesprächspartnerin/Ihrem Gesprächspartner über das Thema. Sagen Sie Ihre Meinung und erzählen Sie von eigenen Erfahrungen.

Berufswünsche von Jugendlichen

„Also, mein kleiner Bruder ist gerade mal 15 und er spricht nur noch davon, Influencer zu werden. Jeden Tag filmt er mit seinen Freunden Videos und gibt mit seinen 500 Abonnenten an. Ich hoffe, er findet noch einen ordentlichen Berufswunsch. Irgendwann muss er ja auch studieren und Geld verdienen."

Anna Richter, 29 Jahre, IT-Spezialistin

Teilnehmer/in B

Teil 2 Über ein Thema sprechen

Sie haben in einer Zeitschrift etwas zum Thema „Berufswünsche von Jugendlichen" gelesen. Berichten Sie Ihrer Gesprächspartnerin/Ihrem Gesprächspartner darüber.

Ihre Gesprächspartnerin/Ihr Gesprächspartner hat eine andere Meinung dazu gelesen und berichtet Ihnen auch darüber.

Unterhalten Sie sich dann mit Ihrer Gesprächspartnerin/Ihrem Gesprächspartner über das Thema. Sagen Sie Ihre Meinung und erzählen Sie von eigenen Erfahrungen.

Berufswünsche von Jugendlichen

„Man hört immer öfter, dass Jugendliche Influencer werden wollen. Als ich jung war, wollten wir alle Schauspieler und Sänger werden. Ich denke, die Menschen träumten immer schon davon, reich und berühmt zu sein. Daran hat sich nichts geändert und ich finde auch nicht, dass das ein Problem ist."

Jonathan Jung, 35 Jahre, Onlinemarketing-Manager

Teilnehmer/in A und B

Teil 3 Gemeinsam etwas planen

Ihre Lehrerin hat vorgeschlagen, dass Sie zusammen einen Ausflug in die Natur machen und Sie gebeten, den Ausflug mit Ihrem / Ihrer Partner/in zu planen. Überlegen Sie sich, was alles zu tun ist und wer welche Aufgaben übernimmt. Sie haben sich schon diese Liste gemacht.

- Wann?
- Wohin?
- Wie lange?
- Anfahrt?
- Essen?
- ...

Entscheiden Sie zuerst, was Sie machen möchten und warum.

Tragen Sie Ihrem / Ihrer Partner/in Ihre Ideen vor und begründen Sie sie.

Reagieren Sie auf die Ideen Ihres Partners bzw. Ihrer Partnerin und die Begründungen.

Einigen Sie sich auf einen gemeinsamen Programmvorschlag.

정답

Modelltest 1

정답 해설   듣기 지문

Leseverstehen

1. c	2. i	3. e	4. a	5. f
6. b	7. c	8. a	9. c	10. c
11. f	12. b	13. i	14. k	15. d
16. x	17. e	18. l	19. c	20. j

Sprachbausteine

21. b	22. a	23. b	24. c	25. a
26. a	27. c	28. a	29. b	30. c
31. i	32. n	33. a	34. o	35. k
36. g	37. m	38. d	39. l	40. h

Hörverstehen

41. -	42. +	43. +	44. +	45. -
46. +	47. -	48. +	49. +	50. -
51. -	52. +	53. -	54. -	55. +
56. -	57. +	58. -	59. +	60. -

Schriftlicher Ausdruck

예시 답안

Liebe Rosa,

vielen Dank für deine Antwort.
Nein, ich war noch nie in Europa. Ich habe Europa bis jetzt nur in Filmen gesehen.
Ich würde mir gerne deine Heimatstadt ansehen. Könntest du mir eine Stadtführung geben? Die Niederlande sind sicher auch spannend. Wie kommen wir dorthin?
Ich denke, dass es gut ist, im Frühling zu fliegen. Wann genau ist Ostern? Brauche ich eine Winterjacke oder reicht eine dünne Regenjacke? Was muss ich sonst noch vorbereiten?
Ich möchte dir gerne etwas aus meiner Heimat schenken. Möchtest du etwas Bestimmtes haben? Ich könnte dir verschiedene Snacks bringen.

Ich freue mich schon auf die Reise!
Liebe Grüße
…

_____

Mündlicher Ausdruck

Teil 1 예시 답안

Prüfer/in
Hallo und herzlich willkommen zur Mündlichen Prüfung telc Deutsch B1. Mein Name ist Michaela Faster, und das ist mein Kollege Arnold Sieben. Die Prüfung besteht aus 3 Teilen. Im ersten Teil machen Sie sich miteinander bekannt. Sie können nun anfangen.

Teilnehmer/in A
Hallo. Wie heißen Sie?

Teilnehmer/in B
Hallo. Ich heiße (Teilnehmer/in B). Wie heißen Sie?

Teilnehmer/in A
Ich heiße (Teilnehmer/in A). Woher kommen Sie?

Teilnehmer/in B
Ich komme aus Pakistan aus einem kleinen Dorf. Woher kommen Sie?

Teilnehmer/in A
Ich bin in Kasachstan geboren. Wo wohnen Sie in Deutschland?

Teilnehmer/in B

Ich wohne in Bochum in einer großen Wohnung seit 3 Jahren und fühle mich wohl hier. Und wo wohnen Sie?

Teilnehmer/in A

Ich wohne in Friedberg in einem Wohnhaus. Es gefällt mir gut. Erzählen Sie mir bitte etwas über Bochum.

Teilnehmer/in B

In Bochum gibt es fast alles. Zum Beispiel haben wir ein Rathaus, ein Arbeitsamt, einige Kindergärten, ein paar Schulen und viele Einkaufsmöglichkeiten. Mit wem leben Sie zusammen?

Teilnehmer/in A

Ich wohne mit meinem Mann und meinem Sohn. Er ist 3 Monate alt. Der Rest meiner Familie ist in meiner Heimat. Wo ist Ihre Familie?

Teilnehmer/in B

Meine Familie ist in Pakistan. Ich wohne hier mit meinem Mann und ich habe zwei Töchter. Die ältere ist 7 Jahre alt und die kleine ist 3. Wo haben Sie Deutsch gelernt?

Teilnehmer/in A

Ich habe Deutsch an der VHS im Integrationskurs gelernt. Das war sehr schön. Ich hatte eine nette Lehrerin und ich kann schon viel Deutsch. Und Sie?

Teilnehmer/in B

Ich lerne auch an der VHS. Ich mag es sehr sehr gern. Dort gibt es die besten Lehrer. Ich plane noch Englisch zu lernen. Das ist wichtig für mich, weil meine Kinder auch Englisch lernen, aber ich kann es nicht. Wollen Sie auch noch eine andere Sprache lernen?

Teilnehmer/in A

Nein, ich will keine Sprachen mehr lernen. Ich spreche schon Englisch, Kasachstanisch und ein bisschen Deutsch. Ich will den Computer-Führerschein machen. Wo arbeiten Sie?

Teilnehmer/in B

Derzeit habe ich keine Arbeit, weil ich lernen muss. Aber mein Mann arbeitet in einer Papierfabrik.

Teilnehmer/in A

Ich habe auch keine Arbeit, weil ich ein Baby habe.

Prüfer/in

Möchten Sie später denn wieder arbeiten?

Teilnehmer/in A

Ja, wenn mein Sohn älter ist, will ich wieder arbeiten.

Teilnehmer/in B

Nachdem ich meine Deutschprüfung bestanden habe, möchte ich auch wieder arbeiten.

Prüfer/in

Und was machen Sie in Ihrer Freizeit?

Teilnehmer/in B

Ich habe nicht viel Zeit, aber ich lese gerne Bücher.

Teilnehmer/in A

Ich mache in meiner Freizeit Sport.

Prüfer/in

Vielen Dank! Das war schon der erste Teil.

Teil 2 예시 답안

Prüfer/in

Wir kommen jetzt zum zweiten Teil. Sie sprechen über ein Thema. Das Thema ist „Leben in der Stadt oder auf dem Land". Worum geht es auf dem Blatt, das Sie bekommen haben? Wie sehen Sie beide das? Wie ist Ihre Meinung dazu?

Teilnehmer/in A

Marion ist 22 Jahre alt. Sie ist wie ihre Mutter Bäckerin. Sie lebt auf dem Land und möchte nicht in die Stadt ziehen, weil die Stadt so laut ist und es so viele Menschen gibt. Ich kann Marion sehr gut verstehen, weil ich auch auf dem Land lebe. Hier ist es sehr still und ruhig. Das gefällt mir sehr gut.

Teilnehmer/in B

Robert ist 27 Jahre alt und er ist Techniker. Er hat als Kind auf dem Land gelebt und ist dann in die Stadt gezogen. Er mag die Stadt sehr gerne. Wenn er seine Eltern besucht, ist ihm schnell langweilig. Ich kann Robert auch gut verstehen. Als ich ein Kind war, habe ich in einem kleinen Dorf gelebt, aber jetzt wohne ich in der Stadt. Ich möchte nicht mehr auf dem Land leben.

Teilnehmer/in A

Ich sehe das etwas anders. Das Leben auf dem Land ist viel schöner als in der Stadt. Es gibt viel Natur und gute Luft. Außerdem gibt es keinen Stress. Findest du nicht auch?

Teilnehmer/in B

Ich verstehe, was du meinst, aber ich bin nicht deiner Meinung. Ich denke, dass das Leben in der Stadt sehr bequem ist. In der Stadt gibt es auch viel Natur, zum Beispiel, Parks.

Teilnehmer/in A

Ich kann dir nur teilweise zustimmen. Ja, die Stadt ist bequem, aber ich bevorzuge das Leben auf dem Land, weil man mehr Platz hat. Das ist Geschmackssache.

Teilnehmer/in B

Ja, das ist Geschmackssache. Da stimme ich dir zu.

Prüfer/in

Ja, genau. Und über Geschmack lässt sich ja bekanntlich nicht streiten. Das war der zweite Teil.

Teil 3 예시 답안

Prüfer/in

Wir kommen jetzt zum dritten Teil. Hier planen Sie gemeinsam eine Abschiedsfeier für den Deutschkurs. Hier sind ein paar Stichwörter, an denen Sie sich orientieren können. Sie können nun beginnen.

Teilnehmer/in A

Hallo!

Teilnehmer/in B

Hallo! Wir müssen endlich die Abschiedsfeier planen. Wir haben nicht mehr viel Zeit. Wann sollen wir die Party machen?

Teilnehmer/in A

Was hältst du von diesem Samstag? Der letzte Kurs ist am Freitag.

Teilnehmer/in B

Ich denke, dass Freitag nach dem Kurs besser ist. Was denkst du?

Teilnehmer/in A

Ja, das ist auch eine gute Idee. Dann am Freitag. Um wie viel Uhr?

Teilnehmer/in B

Der Kurs endet um 15 Uhr. Also, um 15 Uhr?

Teilnehmer/in A

Ja, gut. Machen wir die Feier in der Sprachschule?

Teilnehmer/in B

Das klingt gut, aber wir müssen vorher die Lehrerin um Erlaubnis bitten.

Teilnehmer/in A

Ja, du hast recht. Ich kann sie morgen nach dem Unterricht fragen, okay?

Teilnehmer/in B

Okay. Was müssen wir sonst noch vorbereiten?

Teilnehmer/in A

Wir brauchen etwas zu essen, zu trinken und vielleicht einen Kuchen.

Teilnehmer/in B

Ich kann einen Kuchen backen. Sollen wir das andere Essen und die Getränke kaufen?

Teilnehmer/in A

Ich denke, wir können alle bitten etwas mitzubringen. Dann brauchen wir kein Geld. Ich denke, das ist günstiger.

Teilnehmer/in B

Ja, da hast du recht. Sollten wir eine Liste vorbereiten und jeder kann sagen, was er mitbringt?

Teilnehmer/in A

Oh, das ist eine Spitzenidee. Schreiben wir die Liste gleich. Was brauchen wir zu essen?

Teilnehmer/in B

Wir brauchen Chips und etwas Süßes. Ich denke, dass auch Sandwiches toll wären. Was hältst du davon?

Teilnehmer/in A

Ja, das ist eine gute Liste. Vielleicht sollten wir noch einen Salat oder etwas Gesundes aufschreiben.

Teilnehmer/in B

Brauchen wir gesundes Essen auf der Party? Ich weiß nicht.

Teilnehmer/in A

Ich denke, es ist besser, wenn es auch etwas Gesundes gibt.

Teilnehmer/in B

Okay gut. Und zu trinken?

Teilnehmer/in A

Cola und Eistee. Sollen wir auch Bier und Wein aufschreiben?

Teilnehmer/in B

Hm, ich weiß nicht. Es sind zwar alle schon erwachsen, aber in der Schule Alkohol zu trinken, ist etwas komisch.

Teilnehmer/in A

Machen wir's so: Wir schreiben ein paar Vorschläge auf und wenn jemand etwas anderes mitbringen möchte, dann ist das auch okay.

Teilnehmer/in B

Das ist eine super Idee! So machen wir's. Also du fragst die Lehrerin und ich sage den Schülern Bescheid.

Teilnehmer/in A

Okay. gut.

Prüfer/in

Vielen Dank. Das war die Prüfung. Sie bekommen die Ergebnisse in ein paar Wochen von uns.

Modelltest 2

정답 해설   듣기 지문

Leseverstehen

1. b	2. h	3. c	4. j	5. e
6. c	7. b	8. a	9. b	10. a
11. i	12. b	13. f	14. X	15. l
16. k	17. d	18. a	19. h	20. e

Sprachbausteine

21. b	22. a	23. a	24. c	25. b
26. a	27. a	28. b	29. c	30. c
31. h	32. b	33. j	34. o	35. f
36. k	37. a	38. c	39. m	40. i

Hörverstehen

41. +	42. -	43. +	44. -	45. +
46. -	47. +	48. -	49. -	50. -
51. +	52. -	53. -	54. +	55. +
56. -	57. +	58. -	59. +	60. -

Schriftlicher Ausdruck

예시 답안

Lieber Roberto,

es freut mich, von dir zu hören. Ich verstehe, dass du sehr viel zu tun hast. Ich habe auch oft sehr früh geschlafen, als meine Kinder klein waren. Meine Kinder waren auch immer sehr aktiv. Ich habe sie dann immer auf den Spielplatz geschickt und dort bin ich mit ihnen um den Spielplatz gelaufen. Danach waren sie hundemüde. Probier es doch auch aus!
Jetzt ist es schon ein Wunder, wenn sie am Wochenende mit in den Park kommen. Sie sind so faul geworden und sitzen nur noch vor dem Computer. Ich hoffe, sie bewegen sich bald wieder mehr.

Ich hoffe, wir können uns bald wiedersehen!
Liebe Grüße

…

___

Mündlicher Ausdruck

Teil 1 예시 답안

Prüfer/in

Willkommen bei der Mündlichen Prüfung telc Deutsch B1. Mein Name ist Nils Turner, und das ist meine Kollegin Lydia Seyboth. Die Mündliche Prüfung hat drei Teile. Beginnen wir nun mit Teil 1. Wollen Sie beginnen?

Teilnehmer/in A

Hallo. Wie heißen Sie?

Teilnehmer/in B

Hallo. Ich heiße (Teilnehmer/in B). Wie heißen Sie?

Teilnehmer/in A

Ich heiße (Teilnehmer/in A). Woher kommen Sie?

Teilnehmer/in B

Ich komme aus Kolumbien. Woher kommen Sie?

Teilnehmer/in A

Ich komme aus Neuseeland. Wo wohnen Sie in Deutschland?

Teilnehmer/in B

Ich wohne in einer kleinen Wohnung in Düsseldorf. Und wo wohnen Sie?

Teilnehmer/in A

Ich wohne in Aachen, in einer 3-Zimmer-Wohnung. Es gefällt mir dort gut.

Teilnehmer/in B

Das klingt sehr schön. Wie haben Sie Deutsch gelernt?

Teilnehmer/in A

Ich habe am Anfang alleine nach der Arbeit gelernt, aber es war sehr schwierig, also habe ich einen Online-Deutschkurs besucht. Und Sie?

Teilnehmer/in B

Ich habe in der Uni in Kolumbien Deutsch gelernt. Aber ich kann noch nicht gut Deutsch sprechen. Können Sie noch andere Sprachen?

Teilnehmer/in A

Ja, ich spreche Englisch und ein bisschen Maori. Welche Sprachen sprechen Sie?

Teilnehmer/in B

Meine Muttersprache ist Spanisch. Ich kann auch ein wenig Englisch und ein bisschen Páez. Páez ist die Sprache meiner Großmutter. Aber ich kann sie nicht sehr gut. Was sind Ihre Hobbys?

Teilnehmer/in A

In meiner Freizeit gehe ich gerne in die Natur. Ich gehe gerne wandern oder spazieren. Und Sie?

Teilnehmer/in B

Ich bin lieber zuhause. Ich lese viele Bücher und ich sehe gerne Filme. Waren Sie schon in anderen Ländern?

Teilnehmer/in A

Ich war schon in Österreich und Italien, aber nur ganz kurz. Und Sie?

Teilnehmer/in B

Ich war schon oft in Australien. Ich möchte dieses Jahr eine Reise durch Europa machen.

Prüfer/in

Was machen Sie, (Teilnehmer/in A), denn beruflich?

Teilnehmer/in A

Ich bin noch Studentin. Ich arbeite am Samstag in einem spanischen Restaurant.

Prüfer/in

Was studieren Sie denn?

Teilnehmer/in A

Ich studiere Germanistik. Ich mache gerade ein Austauschjahr.

Prüfer/in

Und Sie, (Teilnehmer/in B)? Was studieren Sie?

Teilnehmer/in B

Ich habe Informationstechnologie studiert. Ich entwickle Software für eine Firma.

Prüfer/in

Vielen Dank! Das war schon der erste Teil.

Teil 2 예시 답안

Prüfer/in

Nun kommen wir zu Teil 2. Sie haben beide unterschiedliche Aufgabenblätter mit Meinungen zum Thema „Zuhause arbeiten" bekommen. (Teilnehmer/in B), möchten Sie anfangen? Worum geht es auf dem Blatt, das Sie bekommen haben? Wie sehen Sie beide das? Wie ist Ihre Meinung dazu?

Teilnehmer/in B

Hannah ist 26 Jahre alt und sie arbeitet als Finanzberaterin in einem Büro. Sie geht gerne ins Büro und möchte nicht zuhause arbeiten. Sie redet gerne mit ihren Kollegen in der Mittagspause und trinkt gerne Kaffee.

Teilnehmer/in A

Markus ist 29 Jahre alt und ist Freelancer. Er arbeitet gerne zu Hause und sagt, er kann sich dort besser konzentrieren. Einmal hat er in einem Büro gearbeitet. Das hat ihm gar nicht gefallen.

Teilnehmer/in B

Ich bin auch ein bisschen wie Markus. Ich arbeite immer am Computer und muss nicht oft mit Menschen arbeiten. Deshalb kann ich auch sehr gut zuhause arbeiten. Und du?

Teilnehmer/in A

Ich verstehe beide Ansichten. Ich arbeite noch nicht, aber beim Studieren muss man viel alleine machen. Das ist besser zuhause. Aber ich mache auch sehr gerne Gruppenprojekte mit anderen Studenten. Ich denke, eine gute Mischung ist das Beste.

Teilnehmer/in B

Da stimme ich dir vollkommen zu. Ich möchte 3 Tage zuhause und 2 Tage im Büro arbeiten. Das wäre perfekt.

Teilnehmer/in A

Ich kann dir leider nicht ganz zustimmen. Ich will lieber 2 Tage zuhause und 3 Tage im Büro sein.

Prüfer/in

Sehr gut. Das war der zweite Teil.

Teil 3 예시 답안

Prüfer/in

Nun machen wir weiter mit Teil 3. Das Aufgabenblatt dazu kennen Sie ja schon. Sie sollen gemeinsam etwas planen. Zum Schluss einigen Sie sich bitte darüber, was zu tun ist und wer welche Aufgabe übernimmt. Fangen Sie doch bitte an, (Teilnehmer/in A), und sagen Sie, welche Vorschläge Sie haben. (Teilnehmer/in B), sagen Sie bitte Ihre Meinung dazu und machen Sie auch Vorschläge.

Teilnehmer/in A

Hallo! Ich möchte noch mehr Deutsch lernen vor der Prüfung. Können wir uns jeden Tag treffen und 2 Stunden gemeinsam üben?

Teilnehmer/in B

Hallo! Ich denke nicht, dass wir jeden Tag üben müssen. Wir haben noch 2 Wochen bis zur Prüfung. Wir können uns am Wochenende zum Lernen treffen.

Teilnehmer/in A

Ja, das klingt auch gut. Was hältst du von diesem Samstag?

Teilnehmer/in B

Ja, Samstag passt mir gut. Wir können bei mir zuhause lernen. Was hältst du davon?

Teilnehmer/in A

Ja, das ist eine gute Idee. Wir müssen noch Lernmaterialien vorbereiten. Hast du eine Idee, womit wir üben können?

Teilnehmer/in B

Ich habe noch ein Deutschbuch zuhause. Es hat ganz viele Sprechübungen. Hast du auch ein Buch?

Teilnehmer/in A

Nein, ich habe leider kein Buch. Aber wir können nach Aufgaben im Internet suchen.

Teilnehmer/in B

Das klingt gut, aber wird das nicht sehr lange dauern?

Teilnehmer/in A

Keine Sorge. Ich suche bis Samstag einige Aufgaben.

Teilnehmer/in B

Okay. Was müssen wir sonst noch vorbereiten?

Teilnehmer/in A

Ich denke, es wäre gut, wenn wir die Übungen aufnehmen und sie uns noch einmal anhören. Was denkst du?

Teilnehmer/in B

Ja, das klingt gut. Mein Bruder hat ein Mikrofon, das wir uns ausleihen können. Ich kann ihn einmal fragen.

Teilnehmer/in A

Gut, frag ihn bitte. Wir brauchen noch etwas zu essen. Lernen macht hungrig.

Teilnehmer/in B

Ja, da hast du recht. Getränke haben wir zuhause. Aber vielleicht kannst du Snacks mitbringen. Das Mittagessen können wir einfach bestellen. Es gibt eine gute Pizzeria in der Nähe.

Teilnehmer/in A

Oh, das ist eine Spitzenidee. Dann bringe ich Snacks mit. Gibt es etwas, das du nicht essen kannst?

Teilnehmer/in B

Nein. Bring einfach mit, was du gerne magst. Ich esse alles.

Teilnehmer/in A

Okay, gut. Also, ich suche im Internet nach Aufgaben und bringe Snacks mit.

Teilnehmer/in B

Ich bereite mein Deutschbuch und Getränke vor und frage meinen Bruder nach dem Mikrofon. Fehlt noch etwas?

Teilnehmer/in A

Hast du die Nummer der Pizzeria?

Teilnehmer/in B

Ja, die hängt am Kühlschrank.

Teilnehmer/in A

Gut. Dann bis Samstag!

Teilnehmer/in B

Ja, bis Samstag! Um 11 Uhr?

Teilnehmer/in A

Ja, 11 Uhr ist super.

Teilnehmer/in B

Okay, gut.

Prüfer/in

Vielen Dank. Das war die Prüfung. Sie bekommen die Ergebnisse in ein paar Wochen von uns.

Modelltest 3

Leseverstehen

1. h	2. i	3. g	4. f	5. a
6. c	7. a	8. b	9. a	10. c
11. d	12. h	13. b	14. l	15. e
16. X	17. i	18. c	19. k	20. g

Sprachbausteine

21. c	22. b	23. b	24. b	25. a
26. c	27. a	28. c	29. b	30. a
31. k	32. m	33. g	34. d	35. e
36. o	37. i	38. c	39. j	40. h

Hörverstehen

41. -	42. +	43. +	44. +	45. -
46. -	47. +	48. -	49. -	50. -
51. +	52. +	53. -	54. +	55. -
56. +	57. +	58. -	59. +	60. -

Schriftlicher Ausdruck

예시 답안

Sehr geehrter Herr Professor Eggersmann,

vielen Dank für Ihr Verständnis und die Fristverlängerung. Ich verstehe natürlich, dass Sie mir nicht noch mehr Zeit geben können. Ich werde die Arbeit bis zum nächsten Freitag bei Ihnen abgeben.
Ich bin auch schon fast fertig mit meiner Arbeit. Ich möchte nur, dass jemand mein Deutsch etwas korrigiert und mir sagen kann, ob ich etwas vergessen habe. Die Note für Ihren Kurs ist mir sehr wichtig.
Ich würde das Angebot Ihrer Assistentin gerne annehmen. Könnten Sie mir ihre E-Mail-Adresse und Telefonnummer geben?

Nochmals vielen Dank!
Beste Grüße
…

Mündlicher Ausdruck

Teil 1 예시 답안

Prüfer/in

Willkommen bei der Mündlichen Prüfung telc Deutsch B1. Mein Name ist Gertrud Ring, und das ist meine Kollegin Sonja Söller. Die Mündliche Prüfung hat drei Teile. Beginnen wir nun mit Teil 1. Sie wollen einander kennenlernen. Wollen Sie, (Teilnehmer/in A), anfangen?

Teilnehmer/in A

Guten Morgen. Wie heißen Sie?

Teilnehmer/in B

Guten Tag. Ich heiße (Teilnehmer/in B). Wie heißen Sie?

Teilnehmer/in A

Ich heiße (Teilnehmer/in A). Woher kommen Sie?

Teilnehmer/in B

Ich komme aus Griechenland. Woher kommen Sie?

Teilnehmer/in A

Ich komme aus Brunei. Wo wohnen Sie derzeit?

Teilnehmer/in B

Ich wohne in Osnabrück. Und wo wohnen Sie?

Teilnehmer/in A

Ich wohne in Münster. Münster ist eine sehr schöne Stadt mit einem großen Fluss.

Teilnehmer/in B

Das klingt sehr schön. Wie haben Sie Deutsch gelernt?

Teilnehmer/in A

Ich habe einen Deutsch- und Integrationskurs in Münster besucht. Dort habe ich 1 Jahr lang Deutsch gelernt. Und Sie?

Teilnehmer/in B

Ich habe in der Schule in Griechenland Deutsch gelernt. Ich mag die Sprache sehr gerne. Was machen Sie in Ihrer Freizeit?

Teilnehmer/in A

In Münster sind immer alle am Fluss. Dort laufe ich gerne und ich mache oft ein Picknick mit meinen Freunden. Und Sie?

Teilnehmer/in B

Ich gehe gerne in der Altstadt spazieren. Osnabrück ist sehr schön. Es gibt auch sehr viele Bäume. Im Winter bin ich immer auf dem Weihnachtsmarkt.

Teilnehmer/in A

Oh, das klingt sehr schön!
Ich mag Weihnachtsmärkte auch sehr gerne.

Teilnehmer/in B

Ja! Sprechen Sie noch andere Sprachen?

Teilnehmer/in A

Ja, ich spreche Malaiisch, meine Muttersprache, Chinesisch und Englisch. Und Sie? Welche Sprachen sprechen Sie?

Teilnehmer/in B

Meine Muttersprache ist Griechisch. Ich spreche auch Englisch und ein bisschen Deutsch. In der Schule habe ich auch Altgriechisch gelernt, aber das spricht man nicht mehr.

Teilnehmer/in A

Oh, interessant. Was ist Ihr Beruf?

Teilnehmer/in B

Ich arbeite in einem Restaurant als Kellner. Wenn ich besser Deutsch kann, möchte ich einen anderen Beruf. Und Sie?

Teilnehmer/in A

Ich arbeite auch in einem Restaurant, in der Küche.

Prüfer/in

Vielen Dank. Haben Sie Familie in Deutschland?

Teilnehmer/in A

Nein, ich habe aber viele Freunde.

Prüfer/in

Wieso arbeiten Sie in einem Restaurant?

Teilnehmer/in A

Ich muss etwas Geld verdienen, aber es ist schwer eine andere Arbeit zu finden.

Teilnehmer/in B

Ja, das ist auch, warum ich Kellner bin.

Prüfer/in

Vielen Dank! Das war schon der erste Teil.

Teil 2 예시 답안

Prüfer/in

Nun kommen wir zu Teil 2. Sie haben beide unterschiedliche Aufgabenblätter mit Meinungen zum Thema „Berufswünsche von Jugendlichen" bekommen. (Teilnehmer/in B), möchten Sie anfangen? Worum geht es auf dem Blatt, das Sie bekommen haben? Wie ist Ihre Meinung dazu?

Teilnehmer/in B

Jonathan ist 35 Jahre alt. Als er jung war wollte er reich und berühmt sein. Er denkt, dass Menschen das immer wollen und deshalb ist es in Ordnung, wenn Jugendliche Influencer werden wollen.

Teilnehmer/in A

Anna ist 29 Jahre alt. Sie hat einen kleinen Bruder, der Influencer werden möchte und nur wenige Abonnenten hat. Sie hofft, dass er noch einen anderen Berufswunsch findet. Ich stimme ihr zu. Ihr Bruder sollte studieren.

Teilnehmer/in B

Ich weiß nicht so recht. Wie alt ist der Bruder?

Teilnehmer/in A

Annas Bruder ist 15 Jahre alt. Er hat noch ein wenig Zeit, aber er sollte schon über das Studium nachdenken.

Teilnehmer/in B

Da stimme ich dir vollkommen zu. Er sollte ans Studieren denken, aber ich denke er kann auch weiterhin daran arbeiten, Influencer zu werden. Auch ein Student kann ein Influencer sein.

Teilnehmer/in A

Ich denke, es ist besser, wenn er mehr lernt und nicht so viele Videos macht. Mit 15 muss man fleißig lernen, damit man in die Uni gehen kann.

Teilnehmer/in B

Ich denke, Annas Bruder muss das selbst entscheiden.

Teilnehmer/in A

Natürlich muss er es selbst entscheiden. Aber ich denke, es ist besser für ihn, jetzt schon an die Zukunft zu denken.

Prüfer/in

Vielen Dank. Das war der zweite Teil.

Teil 3 예시 답안

Prüfer/in

Nun machen wir weiter mit Teil 3. Das Aufgabenblatt dazu haben Sie schon vorbereitet. Sie sollen gemeinsam etwas planen. Zum Schluss einigen Sie sich bitte darüber, was zu tun ist und wer welche Aufgabe übernimmt. Fangen Sie doch bitte an, (Teilnehmer/in A), und sagen Sie, welche Vorschläge Sie haben. (Teilnehmer/in B), sagen Sie bitte Ihre Meinung dazu und machen Sie auch Vorschläge.

Teilnehmer/in A

Hallo (Teilnehmer/in A)! Wir müssen den Ausflug in die Natur planen. Ich denke, wir sollten in den Naturpark Hohe Mark fahren. Dort gibt es viele Wanderwege und auch Schlösser, die man besichtigen kann.

Teilnehmer/in B

Hallo! Das ist eine gute Idee. Wann wollen wir den Ausflug machen?

Teilnehmer/in A

Nächstes Wochenende. Was denkst du?

Teilnehmer/in B

Ich denke, wir brauchen etwas mehr Zeit zum Planen. Was hältst du von dem übernächsten Wochenende?

Teilnehmer/in A

Ja, das ist eine gute Idee. Wie lange bleiben wir dort?

Teilnehmer/in B

Ich finde, 2 Tage sind gut. Kann man in den Schlössern auch übernachten?

Teilnehmer/in A

Ja, aber es ist sehr teuer. Ich denke, es gibt auch einen Campingplatz. Vielleicht können wir dort übernachten. Ist das okay?

Teilnehmer/in B

Ja, das klingt auch gut. Kannst du dich einmal erkundigen, ob wir dort Zelte ausleihen können und ob wir die Zelte mitbringen müssen.

Teilnehmer/in A

Ja, gut. Mache ich. Wie kommen wir zum Naturpark?

Teilnehmer/in B

Es gibt einen Bus vom Stadtzentrum aus. Wir können den Bus nehmen.

Teilnehmer/in A

Gut. Weißt du, wie lange die Busfahrt dauert? Ich denke, wir müssen sehr früh losfahren.

Teilnehmer/in B

Nein, das weiß ich nicht. Aber ich kann im Internet suchen. Müssen wir sonst noch etwas vorbereiten?

Teilnehmer/in A

Okay, danke. Wie sieht es mit Essen und Getränken aus?

Teilnehmer/in B

Ich denke, jeder sollte sein eigenes Essen mitbringen und am Abend können wir am Campingplatz grillen.

Teilnehmer/in A

Oh, das ist eine Spitzenidee. Wenn ich beim Campingplatz anrufe, frage ich auch, wie viel das Grillen für 15 Personen kostet.

Teilnehmer/in B

Sehr gut. Dann überprüfe ich den Bus und du den Campingplatz. Morgen können wir dann unserer Lehrerin Bescheid sagen.

Teilnehmer/in A

Okay! Das klingt nach einem guten Plan. Ich freue mich schon. Dann bis morgen!

Teilnehmer/in B

Ich mich auch! Ja, bis morgen!

Prüfer/in

Vielen Dank. Das war die Prüfung. Sie bekommen die Ergebnisse in ein paar Wochen von uns.

MEMO